自治体議会政策学会叢書

地域の メタ・ガバナンスと 基礎自治体の使命

―自治基本条例・まちづくり基本条例の読み方―

日高 昭夫 著
(山梨学院大学教授)

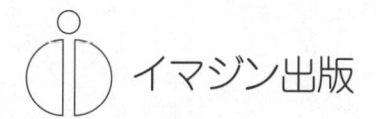

イマジン出版

目　　次

0　はじめに …………………………………………………………　5

1　公共空間の再編 ………………………………………………　8

2　地域ガバナンスの編制
　　──「五助」システムの基本設計── …………………… 21

3　地域のメタ・ガバナンスの基本ルールとしての自治基本条例、
　　まちづくり基本条例 ………………………………………… 65

4　これから基本条例を検討・制定する自治体のためのいくつかの
　　ヒント ………………………………………………………… 77

5　今後の検討課題 ……………………………………………… 90

6　おわりに ……………………………………………………… 95

著者紹介 …………………………………………………………… 97

0 はじめに

　この小著を通して私は次のようなことを論じてみたいと思っています。多様な可能性を秘めた地域社会づくりのためには、それぞれの地域がその特性にふさわしいハイブリッド型地域社会システム（混合体制）を再構築すべきではないか。この地域社会特有のハイブリッド型システムに共通する基本設計を、小著では「五助」システムとよぶことにします。「五助」システムとは、個人と家族による「自助」、近隣や地域コミュニティによる「共助（ともじょ）」、ボランティア団体やNPOによる「協助」、営利企業などによる「民助」、それに自治体・行政による「公助」の5つのセクターからなる地域混合体制のことをさします。

　一般には、自助・共助（きょうじょ）（互助）・公助の「三助」論がよく知られています。この「三助」論は、日本社会の文脈に即した「ガバナンス」の編制としてたいへん魅力的であることはいうまでもありません。しかし、日本の地域社会システム再設計のための基本構図としては、この「三助」論は不十分であり不正確でもある、と筆者はかねてより考えてきました。「三助」論の文脈で「自助」といわれるものには、本来的な個人や家族の自己責任・自己努力によるところの「自助」と、市場メカニズムの活用という意味での「自助」とが混在しています。この点にまずは問題があります。加えて、もっと重大な問題点は「共助（きょうじょ）」のあいまいさです。この概念には、本来明確に弁別すべき異質なセクターである地域コミュニティ部門とボランタリー部門が混同されています。そのた

め、たとえば町内会、自治会の位置づけとボランティア団体、NPOの位置づけとを十把一絡げに論じるなどの傾向が生まれ、結果的に地域の特性や実態に即したきめ細かな制度改革や制度設計をミスリード（誤誘導）しかねないのではないかと危惧します。

　さらに、従来、「公助」といわれてきた事柄の意味内容も、常にあいまいさが付きまとっていたことは否めません。「公助」の機能は、自助・共（互）助の機能とどんな関係にあるのか。代替関係なのか、補完関係なのか。そもそも自助・共（互）助・公助というときの「公助」は、他の二助と同列の一助なのか、それとも同列でない特別の一助なのか。

　こうした問題意識から、私の「五助」論では、「自助」と「民助」を区別するだけでなく、「共助」と「協助（ともじょ）」も明確に区別することにしています。また、「公助」としての自治体・行政の役割についても、より明確な位置づけが必要だと思います。単なる住民ニーズの代替・補完的な行政サービス供給主体（五助の中の同列の一助）という観点だけでなく、むしろ地域におけるガバナンス（五助）の編制（アレンジ）と総合調整それ自体を特有の任務とする「メタ・ガバナンス（metagovernance）」の主体、すなわち「ガバナンスの総合調整役」として位置づけることにこそ、この小著では重きを置いてみたいと思います。

　この意味での総合調整役としての基礎自治体が取り組むべきメタ・ガバナンス的な政策課題の一つが、自治基本条例・まちづくり基本条例の検討・制定です。地域社会を構成している多様なセクターからなるガバナンス編制の基本設計図であり基本ルールとなりうると考えられるからです。

小著のねらいは、副題にも書いたとおり、地域におけるメタ・ガバナンス組織として期待される基礎自治体の政治行政的役割という視点からみた、自治基本条例・まちづくり基本条例の「読み方」を提供しようとするものです。小著は、自治体行政学のアプローチから地域ガバナンスと自治基本条例の意味連関を読み解こうとするものです。

　第1章は、「五助」システムの前提条件となる地域社会を取り巻く「公共空間」の再編の意味を考えます。地域社会の舵取りにとって「自治・分権」と「参加・協働」の2つの機軸が重要であることを確認します。第2章は、地域におけるガバナンス編制の基本構図となるべき「五助」システムの理論構成を示します。「五助」を構成する各々のセクターの「成功（長所）」と「失敗（短所）」を浮き彫りにします。その上で、各セクターの持ち味を活かした地域ガバナンス編制としての「五助」システムの意義を考えます。そして、このガバナンス編制を形成・維持・発展させるためのメタ・ガバナンス組織としての基礎自治体の使命を明らかにしたいと思います。第3章は、基礎自治体のメタ・ガバナンス的使命を公式に宣言する形式としての自治基本条例・まちづくり基本条例の可能性に着目し、先行自治体において取り組まれている条例制定の現状を分析します。先行11条例を相対比較し、その条例制定の構造を明らかにします。第4章は、事例分析を踏まえながら、これから条例化をめざす自治体のためのヒントを示します。第5章は、メタ・ガバナンス組織としての基礎自治体の政治運営と行政経営上の今後の課題を考えてみます。

1 公共空間の再編

(1) 福祉国家からポスト福祉国家へ

　戦後世界における社会主義諸国との間の冷戦構造の中で、先進資本主義諸国は多かれ少なかれ福祉国家の道を歩んできました。その背景には、社会主義へのイデオロギー的対抗という政治的理由のほかに、マクロ経済政策を通じた「需要管理」の考え方に立ち、景気循環の波をコントロールすることで、完全雇用の実現を図ろうとする、ケインズ主義の有効性が広く容認されたことがあります。1929年の世界恐慌から第2次世界大戦へと突入した背景には、「市場の失敗」に対する政府の不適切な対応があったと考えられたわけです。こうしたケインズ主義の受容により、国民生活に対する政府の恒常的介入が正当化され、福祉国家の発展が促進されました。戦後日本も、こうした社会保障の理念を憲法規範として有する福祉国家の一員でした。

　ところが、この福祉国家は1970年代以降、それを支えた右肩上がりの経済成長の終焉とともに、大きな批判と挑戦にさらされてきたことは周知のとおりです。福祉国家体制を支える財政支出の増大によって、国民の租税・社会保障費負担の割合が高まると同時に、深刻な財政危機も進行します。また、国民生活のあらゆる領域に対する政府・行政の恒常的な介入によって、経済・社会システムの運営における官僚制化が進むようになりました。かつて賞賛され広く受容されたはずの福祉国家が、いまや「国家の失敗」とか「政府の失敗」として槍玉に挙げられるようになりました。

役所の非効率が「お役所仕事」とか「親方日の丸」などと揶揄されます。「護送船団方式」「大きなお世話行政」などと言われる官主導の経済・社会への過剰介入は、往々にして経済と社会の活力を殺ぐ結果になっています。過剰な官僚制化は、市場と社会の自律性を損ねると同時に「フリーライダー（ただ乗り）」を生み出します。その結果、モラル・ハザード（倫理の崩壊）を深刻にして、政府・行政に対する信頼を根底から揺るがすことになりました。公共事業の配分をめぐる政・官・業の「鉄のトライアングル」は、財政運営の硬直化と政治腐敗の温床として非難の的になっています。政府の過剰介入はレント・シーキング（特権的利益追求）行動を加速することになります。

　こうした状況を背景として、特に1980年代以降、先進諸国に共通する政治課題として「行政改革」が取り上げられるようになります。この行政改革は、それまでのように政府部門内部の「節約と能率」の改善に止まらず、政府部門それ自体を改革し、さらに政府部門と民間部門との関係の基本ルールを改革することにまで及びました。「福祉国家」に代わる「ポスト福祉国家」への改革が模索され始めます。

　この改革を方向づける理論として一世を風靡した潮流の一つが、いわゆる「小さな政府」論でした。政府の役割を「ゲームのルール」のレフェリー役とみなす「新自由主義」の思想がそれを支えていました。実際の改革のリード・オフ・マンの役割を演じた英国のサッチャー＝メイジャー政権は、市場中心主義とも言うべきラディカルな改革政策を打ち出しました。そのキーワードが「民営化」、「自由化」、「規制緩和」でした。そして「民間にできることは民間でやるべきだ」、「政府部門においても

市場と同じような競争メカニズムを導入すべきだ」、「政府の介入はできるだけ最小にすべきだ」、などと主張しました。「福祉国家」とは正反対の主張だったわけです。

しかし、こうした市場中心主義的な改革は、はたして成功したでしょうか。冷戦による東西分断のシンボルであった「ベルリンの壁」が1989年暮れに崩壊して社会主義の脅威が取り除かれると、資本主義経済が世界中を席捲し経済・金融市場のグローバル化の嵐が猛威をふるうようになりました。その結果、市場の効率性と引き換えに社会の公正性を失うという、古くて新しい問題が世界大に、より一層深刻になっているのが現状です。市場の復権によって「政府の失敗」を埋め合わせようとしても、新たな「市場の失敗」が生み出されてしまいます。

この振り子のような悪循環をどうすれば断ち切ることができるのでしょうか。

福祉国家による「市場の失敗」への対応と、「政府の失敗」に対する新自由主義的な対応は、理論的にもイデオロギー的にも真っ向から対立する正反対の立場です。しかし、この両者には実は非常に似通った根本的前提が共有されています。公的領域と私的領域の間にはっきりとした境界線が引かれるべきであるとする「公私二分論」に立っています。しかも国家の領域が広がれば市場が狭まり市場が広がれば国家が狭まる関係にあるという「ゼロサム」関係で市場と国家の関係をとらえてもいます。正反対なのは、国家の広がりを肯定的にみるか、それとも否定的にみるか、その評価の違いにあります。

しかし、私たちの暮らす現実社会は、それほど公私の境界が鮮明で、しかもゼロサム（パイの持ち寄り）関係にあると言えるでしょうか。

1980年代以降の「行政改革」が生み出したものは、公

私の境界線の明確化ではなく、むしろ逆にその一層のあいまい化、ボーダレス化でした。たとえば、規制緩和によって高齢者介護などの社会サービス分野への民間営利企業の進出が進んだ結果、公共サービスの提供者は行政だけではなくなりました。また、財政危機の中で、行政の効率化を実現する方法として、ごみ収集や公立図書館運営管理などの行政サービスをアウトソーシング（外部委託）したり、美術館や清掃工場などの公共施設の建設・運営を、民間の資金やノウハウを活用して行うPFI方式を採用したりするなどの試みが行われています。これらもますます公私の境界線をあいまいにしています。

　公私のボーダレス化をもたらしている要因は、政府の政策だけではありません。多くの犠牲者を出した1995年１月の阪神・淡路大震災では、国と自治体が初動救援で立ち往生する中で、自然発生的に巻き起こったボランティア活動が、そのフットワークとネットワークのよさをフルに発揮して血の通った救援活動の原動力になりました。また、地域コミュニティの助け合いが被災した人たちの間の心の拠り所となったことも、いまだ記憶に新しいところです。こうした体験を経た今日、災害救援や防災のまちづくりなどの公共性の土台とも言うべき安全・安心サービスの確保を、もっぱら政府・行政だけの仕事だと考える人は皆無ではないでしょうか。ボランティア活動やコミュニティの活動も、どこまでが公的でどこからが私的か、その境界線を明確に引くことは困難です。しかも重要なことは、大震災での経験が示しているように、公私の境界が単にあいまいであるばかりでなく、こうしたボランタリー（自発的）な活動は、決して政府・自治体の行政活動とゼロサム関係ではなく、むしろ１＋１が３にも４にもなりうるポジティブ・サム（パイの持

ち寄り）の関係になりうることも明らかになりました。

　こうした現代社会における複雑な公私の絡み合いを前提として、私たちはいま一度公私の関係について考えてみる必要があります。その際、政府、市場、社会（市民）の織り成す「公共性」をめぐる活動や組織の繋がりや連関に注目する必要があります。これらの複雑な連関の時空を「公共空間」とよぶことにします（今村都南雄編著『日本の政府体系』成文堂2002年）。

(2)　**公共空間の再編とガバナンス**

　公共空間の再編成はどのような形で進行しているのか、そのイメージを共有するために図1―1をご覧ください。この図は、公的部門と私的部門の活動や組織の多様性を確認し、その中で新しい公共空間の再編のイメージを示したものです。

　私たちはいろいろな経済活動や社会活動を行っていますが、その活動の形態や活動組織は非常に多様な性質を備えています。この図では、その多様性を理解すると同時に、自治体を含む政府活動と私的活動とのリンケージ（連結）に注意を促すため、それぞれの活動の根底にある基本的な違いに着目しています。私たちのいろいろな活動は、様々な目的で行われていますが、その目的は、営利を追求することを主たる目的とする活動と、必ずしも営利を目的としない非営利の活動とに、大きく二分することができます。図の横軸は、右側が営利的で、左側が非営利的な性質の活動であることを表しています。

図1−1　公・私部門の組織・活動の多様性と公共空間のイメージ

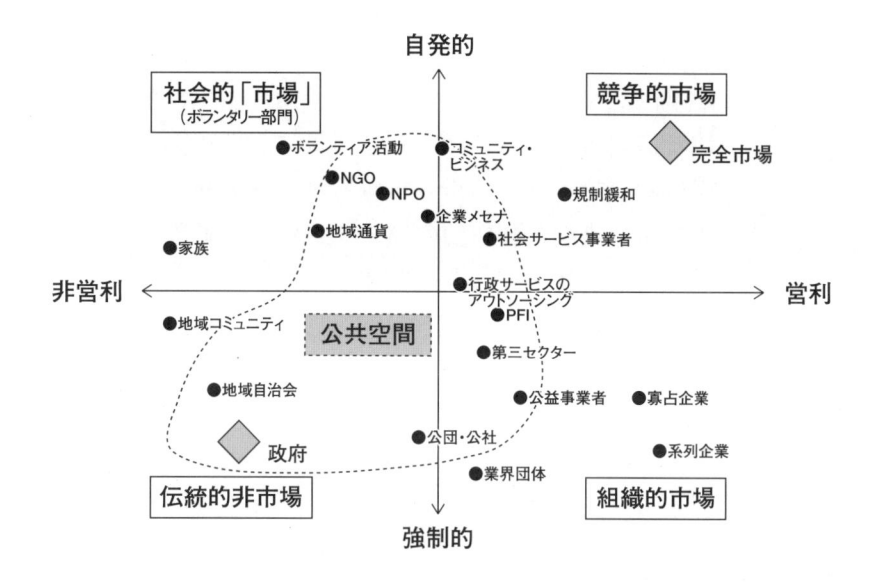

```
                        自発的
                          ↑
  社会的「市場」                    競争的市場
  (ボランタリー部門)
              ●ボランティア活動  ●コミュニティ・           ◆完全市場
                               ビジネス
                    ●NGO
                       ●NPO          ●規制緩和
                  ●地域通貨  ●企業メセナ
                              ●社会サービス事業者
   ●家族
非営利 ←─────────●行政サービスの─────────→ 営利
                              アウトソーシング
              ●地域コミュニティ   ●PFI
                       公共空間
                              ●第三セクター
                ●地域自治会
                              ●公益事業者  ●寡占企業
              ◆政府
                         ●公団・公社        ●系列企業
                            ●業界団体
  伝統的非市場                        組織的市場
                          ↓
                        強制的
```

　活動の違いを生み出すもう一つの基本的性質は、その活動にかかわる意思決定や選択がどの程度「強制力」を持つか、あるいは、どの程度「自発的」に行われるか、という点です。図の縦軸は、上側が自発的で下側が強制的であることを表しています。

　これまで「市場」対「国家」として対峙させられてきたのは、図の右上の完全市場の存在を前提とする「競争的市場」の領域と、図の左下の「伝統的非市場」とここで名づけた領域の中の政府部門です。前者は営利目的で自発的意思を基本とするのに対して、後者は非営利目的と強制力を基本特徴とします。たしかに正反対の性質を持つ部門です。

　しかし、実際の経済活動や社会活動は、この典型的な2タイプだけでは説明し尽くせないほど多様です。その一つが図の右下の「組織的市場」と名づけた領域の存在

です。たとえば、営利を目的としている民間の活動や組織の中には、情報や市場を独占・寡占して事実上の強制力を行使する独占・寡占企業や企業系列による統制などの事例がたくさんあることはよく知られています。また、政府による規制（強制力）を背景にして、管理された市場において営利を追求している被保護業界も少なくありません。規制緩和以前のバスやタクシー業界、金融・証券業界などは、その典型です。電気・ガス・水道・鉄道などの公益事業は、民間事業者によって営まれているか、もしくは政府部門の中の独立採算部門として営まれているか、そのいずれであれ、住民生活に欠かせない公共サービスを提供する活動ですが、完全市場でも政府そのものでもありません。その他、公社・公団・特殊法人・第三セクターなどがあり、「民間」でありながら政府の別働隊としての活動を行っています。

　経済・社会活動の多様性の広がりは、図の左上に位置する「社会的『市場』」あるいはボランタリー部門にも見られます。これらは自発的意思に基づく非営利の団体や組織の活躍する舞台です。伝統的には、社会福祉法人、医療法人、学校法人、社団法人、財団法人などの公益法人が活動する舞台でしたが、特に阪神・淡路大震災以後は、1998年12月に施行された特定非営利活動支援法（NPO法）に基づく認可を受けたNPO法人の活動もたいへん盛んになってきました。しかし、いまなお圧倒的多数を占めているのは、法人格を持たない任意団体による活動です。2000年11月に内閣府国民生活局が行った「市民活動団体等基本調査」の結果によれば、全国の4009サンプルに対して約9割が任意団体で、NPO法人は5％弱でした。その活動分野、形態、範囲などもたいへん多様ですが、保健・医療・福祉やまちづくりなどの分野が

一番多く、情報や活動の提供、イベントや機関紙の発行などのネットワーク型の活動形態が中心的な手法で、多くは1市町村の範囲内で行われているそうです。

　最近では、NPO等によるコミュニティ・ビジネスや地域通貨運動、時間預託型ボランティア活動のように、営利と非営利の境界領域にあって、その線引きが一層あいまいな性質のものも増えつつあります。一方、競争的市場の領域の企業活動においても、近年では長引く不況下で撤退も相次いでいるとはいえ、企業メセナや地球環境保全への取り組みなどの社会活動（フィランソロピー）も行われています。これも「競争的市場」と「ボランタリー部門」との境界線をあいまいなものにしています。

　「伝統的非市場」の領域では、政府部門が大きな役割を果たしてきましたが、その政府部門自体がまた、「行政改革」の中で、大きな変貌を余儀なくされています。市場や社会に対する規制の撤廃や緩和によって、直接的な社会システムのコントロール手段を失いつつあります。また、行財政の効率化や行政サービスの品質向上を目的にしたアウトソーシングやPFIが推奨されます。政府における意思決定も透明化や公正性が要求され、情報公開制度、パブリック・コメント、パブリック・インボルブメントなどの参加システムの整備が進められ、政策評価システムの導入などによって説明責任を明確にするよう求められています。政府部門では、伝統的な行政管理に替わって、民間経営手法と市場原理の導入を主張する新しい行政経営（New Public Management, NPM）が浸透し始めました。

　政府部門改革のもう一つの柱は、地方分権改革です。2000（平成12）年4月に施行された地方分権一括法により、国と地方の関係は、命令・服従の上下関係ではなく、

「対等・協力」の理念に基づく関係とみなされることになりました。いまや「政府」とは中央政府だけを意味しません。自治体も「地方政府」なのです。国と地方の関係は対等な「政府」どうしの「政府間関係」とみなされます。「公共性」は、国家の中央政府だけでなく、「脱ダム宣言」のように地方政府によっても主張されるようになりました。

「伝統的非市場」の舞台で演じているのは政府部門だけではありません。そこではまた、伝統的に消防団、子供会、老人クラブなどの地域コミュニティの諸組織や町内会、自治会等の地域自治会も少なくない役割を演じてきましたし、現在でも演じています。また、半公職・半ボランティアの民生・児童委員などの役職も、地域における行政と私的領域とのリンケージとして重要な機能を果たしてきたことは誰もが知っているとおりです。

こうした各領域、各部門（セクター）での多様な活動や組織が「公共性」をめぐり相互に交錯し合い、複雑な関係を取り結んでいるステージを「公共空間」とよぶとき、そのイメージを図では点線で囲われた領域で表してみました。この公共空間は、地域や国によっても、また歴史的にも、決して一様ではなく、むしろ場所や時が変わるとその形も自在に変化するアメーバーのようなイメージに近いと考えられます。

以上のような公共空間の再編状況から、地域社会の舵取りに必要などんな知見を私たちは引き出すことができるでしょうか。多様な領域・セクターで活動する多様な組織、団体、個人が、各々の特性と自律性を保持しながら、それぞれのやり方で「公共空間」に参入できるような地域社会の仕組みと環境条件、すなわち地域ガバナンスの編制（アレンジメント）を創意工夫する必要がある

ということです。

(3) **自治・分権と参加・協働**

　地域ガバナンス編制の各論に入る前に、もう一つ確認し整理しておくべきことがあります。基礎自治体の新しい使命を裏づける「自治・分権」と「参加・協働」という2つの機軸に関することです。

　「自治・分権」の機軸に関して当面注目すべきことは地方制度調査会の答申です。2003（平成15）年11月13日、第27次地方制度調査会の最終答申である「今後の地方自治制度のあり方に関する答申」が小泉純一郎首相に提出されました。同年4月の「中間報告」をほぼ踏襲した内容になっています。すなわち、2005（平成17）年3月末に市町村合併特例法が失効した後の合併促進策を盛り込んだもので、勧告やあっせんなどを含めた都道府県主導により「おおむね人口1万人未満」の小規模市町村を重点的に合併することを主な内容としています。合併特例法失効後の新法の骨格を示したものですから、その意味では市町村合併による基礎自治体の行財政基盤強化と自律性向上をめざす「団体自治」強化策の延長線上で位置づけることのできる改革方針です。

　しかし同時に、基礎自治体の「住民自治」の充実策の一環として、合併の有無にかかわらず、指定都市の「行政区」（法人格を有しない）に類似したタイプの都市内分権型組織である「地域自治組織」を一般制度として基礎自治体の内部に設置できる道も開きました。2002（平成14）年11月の西尾私案、その後の中間報告に比べると、法人格を有する「特別地方公共団体」タイプの設置が合併後の一定期間に限定して容認されるにとどまるなど内容が「後退」した部分もありますが、基礎自治体がその

内部の住民自治制度の再設計を工夫する法的余地が広がる方向にこの提案がつながるならば、私たちにとってプラスの面も多いと評価できます。

ただ、その際重要なことは、法律（地方自治法など）で規定する内容は最小限の大枠だけに止め、スペックの設計はそれぞれの地域の実情を加味したローカル制度（条例への委任等）として使い勝手の良い法制度にすることです。

それにしても、今回の地方制度調査会答申でいよいよはっきりしたことは、地方分権時代を担う「これからの基礎自治体」と、明治21年の市制町村制に直接のルーツをもつ現行の「市町村」とが意識的に区別されて使われていることです。答申のいう「基礎自治体」とは、「住民に最も身近な総合的な行政主体として、これまで以上に自立性の高い行政主体となることが必要であり、これにふさわしい十分な権限と財政基盤を有し、高度化する行政事務に的確に対処できる専門的な職種を含む職員集団を有するもの」でなければならないとされています。したがって、特例法失効後の新法によって、さらに一定期間市町村合併が進められた後は、現行の市町村がそのまま「基礎自治体」になるわけではないことを示唆していると推察されます。明治初期に戸籍法の施行に伴い区（大区・小区）が設置され、その後郡区町村編成法の時代に区・町村に再編されたものが、市制町村制に伴い現在の市・町村に確定した沿革を考えると、ひょっとすると、「市町村」という名称そのものの変更可能性（理論的にはすべて「市」で統一することなどが考えられる）も将来の視野には入っているのかもしれません。

さて次に、「参加・協働」の機軸について考えてみましょう。先の「最終答申」も不十分ながら次のように述

べています。「また、地域における住民サービスを担うのは行政のみではないということが重要な視点であり、住民や、重要なパートナーとしてのコミュニティ組織、NPOその他の民間セクターとも協働し、相互に連携して新しい公共空間を形成していくことを目指すべきである。」

　協働の定義は立場によって多様ですが、自治体側からみた場合には、対外環境形成（boundary-spanning）になります。外部とのインターフェイスを形成することによって地域経営を効果的、効率的に進めようとする対外的経営戦略の一環です。この立場から再検討の必要な外部とのインターフェイスは、それぞれの政策分野や行政課題ごとにきわめて多様性が大きいと思われますが、概括的にみると少なくとも４つの課題領域があると思われます。第１に、不特定多数の市民（公衆）とのインターフェイスです。第２に、地域コミュニティおよびその代表的組織である地域自治会とのインターフェイスです。第３に、公共空間に新たに登場してくるボランタリー部門のアクターたちとのインターフェイスです。そして第４に、市場とのインターフェイスです。これらについて次の章で詳しく論じます。

　いずれにせよ、公共空間の再編状況の中で地域ガバナンスの編制（アレンジメント）のあり方を考えようとすれば、図１－２のように、基礎自治体における政治行政の舵取りを「自治・分権」と「参加・協働」の２つを機軸とした方向に大きく転換しなければならなくなっているのです。

図1−2　地域ガバナンス編制のベクトル

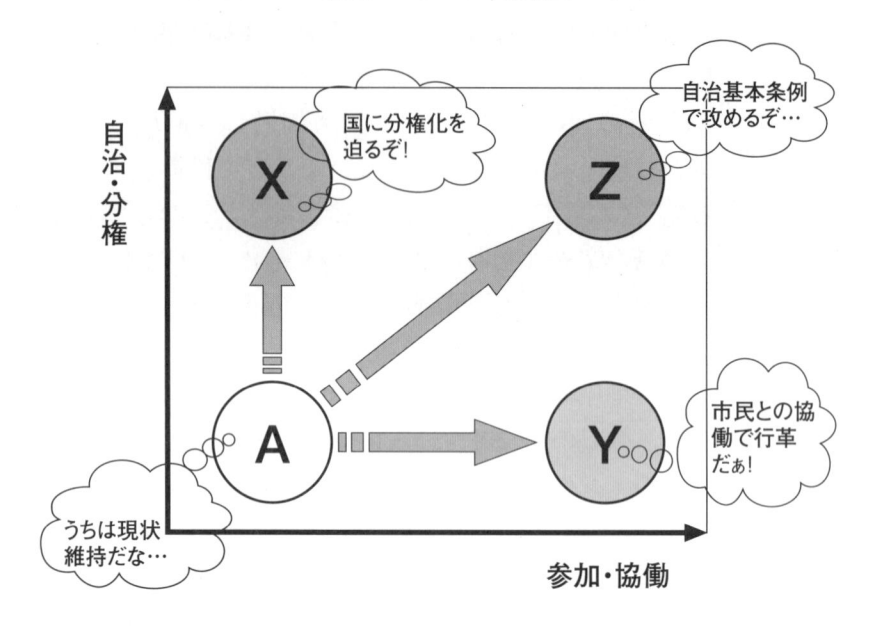

② 地域ガバナンスの編制
──「五助」システムの基本設計──

(1) 地域ガバナンスとは？

この章では地域ガバナンス編制の基本設計を試みることにします。

小著で「地域ガバナンス」とよんでいるのは、地域的公共性の認められる政策課題の提案や解決のためにその地域において必要な社会的調整を行う機能とメカニズムのことです。従来の常識からいえば、この種の調整は、もっぱらではないにせよ、国や自治体の政治や行政（ガバメント）の役目とされてきました。これを「ガバメントによる調整（coordination by government）」とよぶならば、私たちが目指そうとしているこれからの姿は「ガバナンスによる調整（coordination by governance）」とよぶことができるでしょう。ガバメントだけにたよらず、それに積極的に参加し、あるいはそれとの協働により、社会・経済における自律的問題解決領域を増やそうとすることです。

ただ少しだけ付け加えておきたいことは、「ガバナンスによる調整」と「政府によらない調整（coordination without government）」とはまったく別物だということです。この小著では「政府によらない調整」という立場はとりません。むしろ、「ガバナンスによる調整」を成功させるためには、新しいレベルでの「ガバメントによる調整」が不可欠である、と考えています。この点については「メタ・ガバナンス」のところで詳しく考えてみようと思います。

(2) 地域ガバナンスの担い手の「成功」と「失敗」

　地域ガバナンスのあり方を設計する際に最も重要なことは、福祉国家論や新自由主義国家論がそうであったような「公私二分論」や「ゼロサム論」に立つのではなく、多様なセクターの長短を踏まえた混合体制を追求することです。言い換えれば、地域社会の舵取りは、いずれか一つだけのセクターや組織の原理に執着しても、結局、うまくいきません。

　「和を以って貴しとなす」精神が必要かもしれません。ただし、その「和」とは、権威への没我的忠誠（権力的統一）でもなければ、「足して2で割る」ようなもの（妥協による均衡）でもありません。むしろ、各セクターの長所と短所を曝け出した上で、それぞれの違いを相互に承認し合い、また相互に補完し合うような「和」でなければならないでしょう。いわば「雨降って地固まる」過程を内蔵した「和」の形成（建設的紛争による統合）を追求することが必要です。

　その意味で、地域ガバナンスの可能性を追求するためには、まずなによりも、地域社会を構成している多様なセクターの長所と短所を分析することから始める必要があります。地域社会を構成する各セクターの構成、機能、現象形態、相互関係は大きく異なるでしょうから、一般論はあまり役に立たないかもしれません。しかし、いかなる地域性といえども相対的なものですから、各セクターの一般的な特性を「理念型」的に描いておくことは可能でしょう。

　以下では、地域ガバナンスの主な担い手となる5つのセクターに着目します。そして、そのセクターを代表する組織について、その組織編成の理念や行動原理の一般的特性を考察します。また、ある特定のセクター（組織）

が唯一最善のものではないことを論証するために、各セクターに内在している短所（欠点）にも注目したいと思います。よく知られている「市場の失敗」や「政府の失敗」という用語をもじって、各セクター（組織）の「失敗」とよぶことにします。つまり、この節では各セクターに固有の「成功」と「失敗」をイメージしてみようというわけです。

さて、ここで取り上げるセクター（部門）は、次の5つです。
① 家族部門
② コミュニティ部門
③ ボランタリー部門
④ 市場部門
⑤ 政府（行政）部門

表2－1は、5つのセクターを代表する組織の一般的な特性とその起こりうる失敗を対比したものです。

＜家族部門＞
家族は、社会の原初形態といわれるように、多くの場合、人が最初に出会う社会関係です。基本的には、それは血縁の絆もしくは血縁関係の受容に基づく絆でつながっています。他のセクター（社会組織）との本質的な違いです。ただ、血縁関係による組織であっても、そこには通常何らかの（暗黙のまたは明示的な）「家訓」があり、それが家族としての行動の規範になっている面があると思われます。そして、家族としての行動の源泉は、血縁関係をベースにした内輪の愛情です。家族は、愛情を行動の源泉としているだけに、家族構成員への個別的な心配りやコミットメントが可能になります。これも他

のセクターにない家族の特性でしょう。裏返して言えば、愛情を独占的に享受できるのは、血縁関係の絆でつなが

表2-1　5つのセクターの代表組織の特性比較

各セクターの代表組織		家族	地域自治会	NPO	企業	行政
特性	組織理念	血縁	負担の公平	必要性	利益の最大化	公平・平等
	行動規範	家訓	慣習法	共感	採算性	法律、条例
	行動源泉	愛情	相互監視	自発	市場原理	権限（強制力）
	行動特性	個別的	集合的	柔軟・多様	競争	均一・画一
	受益特性	限定的	全体的	部分的	選択的	全体的
	行動範囲	身内	町内、部落、近隣	地域、海外	国内外	管轄区域
失敗		家族の失敗	コミュニティの失敗	ボランタリーの失敗	市場の失敗	政府の失敗
		・サービスの限界 ・過保護扱い ・プライバシーの陥穽	・フリーライダー（ただ乗り） ・パロキアリズム（よそ者排除意識、地域エゴ、偏狭な差別）	・サービスの偏在 ・善意のパターナリズム（過保護扱い） ・アマチュアリズム（素人主義）	・公共財、公共サービスの不供給 ・外部性（公害など外部不経済） ・情報の非対称性	・組織の肥大化 ・非効率、お役所仕事 ・フリーライダー ・レント・シーキング（特権的利益追求、既得権益への固執）

24

った家族の構成員だからです。受益が内輪に限定されているからこそ、それが時に大きな力（励みや生き甲斐）にもなりえます。

　そういう意味で、現代社会においても、家族の社会的機能（教育、扶養、安心など）への期待は依然として小さくないと思います。しかし同時に、相互依存の関係が複雑に入り組んだ現代社会では、家族の提供できる「サービス機能」におのずから限界があることは、かつて自民党が掲げた「日本型福祉社会」論が、結局は超高齢社会への政策対応を一段と遅らせることによって、介護や年金問題を今日一層深刻な事態に立ち至らしめている現実をみれば明らかでしょう。

　また、家族は内輪の愛情によって親密に結ばれているがゆえに、それがかえって「自我」の形成を遅らせ、自律的個人としての成長を阻害する「過保護主義」を生む危険性も同居せしめています。親離れしない子と子離れしない親の関係のような自律性とストレス耐性の欠如を生む過保護主義は、決して家族部門だけの現象ではありませんが、このセクターでその「核」が創られ、それが社会的に増殖する関係にあることは否めないのではないでしょうか。自律性とストレス耐性の欠如が、いわゆる「キレル」子どもたちを作り出し、それらが引き起こす小さな「非行」を黙認ないし容認する社会が、結局は少年非行・犯罪への発展を加速している一面があることは否定できません。いまや多発する犯罪の認知件数を押し上げている大きな要因の一つは街頭犯罪ですが、その街頭犯罪の約7割は少年によるものです。

　家族の中での過保護主義は、多様な形態をとりえます。親子関係だけではなく、夫婦の間でも当てはまります。たとえば、「男は仕事、女は家庭」という、いわゆる固

●地域ガバナンスの編制──「五助」システムの基本設計──

定的役割分担意識は、もちろんこれまでの政府の政策（税制や年金等の制度）によって増幅させられてきたものですが、個々の家庭において夫婦相互に、いわば「過保護主義の交換」を支え増殖させてきた面もあります。妻（専業主婦）は家父長的過保護（パターナリズム，paternalism）によって「仕事」から解放されることと引き換えに経済的自立性を喪失したことはよく知られていますが、実は夫も母性的過保護（マターナリズム，maternalism？）によって「家庭」から解放されることと引き換えに生活技術の自立性を喪失しました。今日では、そのいずれもが非常にリスキーな要因に変わりつつあります。不安定な経済社会では、家計を特定の稼ぎ手だけに依存するシステムを採用することは非常にリスクが大きいわけですし、また平均余命が大きく伸張した長寿社会では仕事をリタイアした後の「長い余生」を支える生活技術（衣食住から趣味まで）の欠如は、日常生活における行動とコミュニケーションの範囲を狭め、結果的には痴呆や寝たきり状態を促進しかねないリスク要因になります。私たちは、マルチインカムとか生活技術の移転などのように、家族の間でもリスクの分散化を真剣に考え実行しなければならない状況におかれているのです。

　さらに、家族という「プライバシー空間」は、個人の尊厳に不可欠な思想と行動の自由度を高めると同時に、他者による一切の干渉を拒絶する「密閉された空間」ともなりえます。これに悪しきパターナリズムやマターナリズムが覆いかぶさると、時として子どもへの凄惨な虐待や配偶者などへの執拗な暴力（ドメスティック・バイオレンス，DV）などの家庭内暴力の温床となります。

　上の例のような家族に内在する諸問題は「家族の失敗」

とよぶことができます。

　都市化、少子高齢化、情報化、家族観の変化などの現代社会の大きな変化の中で、家族形態も大きく変わってきました。1世帯の構成人数は、1960年の4.16人から2000年の2.69人に減少し、世帯規模の縮小過程が進んでいます。モデルとされた夫婦と子どもの二世代だけの核家族が60年の4割から2000年の3割近くに減りました。その一方で、高齢者だけの二人暮らし世帯や独居世帯、結婚しても子を生まない夫婦、シングル・マザー、結婚しない若者のシングル世帯、経済的自立能力があるにもかかわらず独身のまま親のすねかじりをして同居を続けるパラサイト・シングル等々、家族形態の一層の多様化が進んでいます。したがって、これからの家族の機能は一層大きな変化にさらされようとしています。家族のもつ潜在力への注目と同時に、「家族の失敗」への配慮も不可欠です。

　しかし、家族が存在感を持っていた「古き良き時代」を回顧しても、またそのプレゼンスや社会的機能に黄信号がともろうとしている「来るべき時代」を嘆いてみても始まらないでしょう。私たちは「家族」と「家族部門」のあり方を、「あれかこれか」といった「二分論」や「ゼロサム論」ではなく、他のセクターとの相互依存関係の中で総体的に位置づけて論じるべきなのではないかと思います。

　＜コミュニティ部門＞
　「私」と「公」とを結ぶ中間に位置する「共」の領域とそこで活動する中間集団・組織への関心が高まっています。小著の冒頭にも紹介した自助、共（互）助、公助の「三助」論はそうした関心の高まりを背景にしたものです。こうした「共」の領域には、NPO、NGOなどに

代表される新しい中間集団と、町内会・自治会等の地域自治会や老人クラブ、婦人会、子供会（育成会）などの、より伝統的な地縁集団とがあります。この二つは「共」の領域の中で時に十把一絡げに扱われることがありますが、私はこの二つは理論上、本質的に異なる原理に立つ集団という認識に立つべきであると主張してきました。

　コミュニティ部門の最も伝統的な代表組織であるところの地域自治会の特性をまず考えてみることにします。地域自治会とは、実際には自治会、町内会、町会、区、部落会等々、様々な呼び名で全国至るところにある地縁組織のことです。平成8（1996）年8月1日現在での旧自治省調査によれば、全国の地域自治会の総数は29万3,227団体あるそうです。しかもその分布は北海道から沖縄県まですべての都道府県に満遍なく広がっています。

　地域自治会の一般的な特徴は、次の5つないし6つに整理できます。①領土のようにある地域空間を占拠し地域内に一つしかない団体であること（排他的地域独占制）、②特定地域の全世帯の加入を建前としていること（全世帯自動加入制）、③加入単位が世帯であること（世帯単位制）、④地域生活に必要なあらゆる活動を引き受けていること（包括的機能）、⑤市町村行政の末端機構としての役割を担っていること（行政の末端機構）。これらに、⑥全国津々浦々に存在していること（全国遍在性）、という特徴も加えることができるでしょう。

　地域自治会の活動は個々に違うと思われます。日常的な機能としては、地域社会を維持するための共同事務（環境美化・清掃、防災・防火・防犯、街路灯・カーブミラー等の維持管理、集会施設の維持管理など）、住民相互の親睦（盆踊り、スポーツ・文化リクリエーションなどの

主催）、祭祀、慶弔、住民相互の連絡調整、行政機関への要望、行政情報の伝達・連絡などが考えられます。非日常的には、開発行為等への住民の賛否の集約、その推進や反対の運動主体、公職選挙の後援会機能などが考えられます。

　組織形態や組織化の状況も、地域によって異なります。一般に大都市圏では実際の加入率が数10％に低迷して虫の息のところも少なくありません。その一方で地方圏では100％に近い組織率を誇り、いまだに大きな存在感をもっている地域自治会組織もたくさんあります。たとえば、私の住んでいる山梨県はその典型の一つですが、政令指定都市化をうかがう中核市クラスでも、新潟市や浜松市などの地域自治会は90％を超える加入率を維持しています。

　さて、この地域自治会とはいったいどんな組織なのでしょうか。私は、山梨県の御坂町に住むようになって10年を超えました。今年（2004年）10月には近隣6町村と合併して「笛吹市」として再出発する予定です。その御坂町には明治の大合併以前の旧村（自然村）を基礎とした29の区（地域自治会）があります。そのうちの下野原区にいま私は住んでいますが、その区組織と区の活動は実に興味深いものがあります。下野原区内には10〜20世帯くらいで9つの「組」が組織され、区の末端の最小ユニットを構成しています。

　今年度（平成15年度）、私は区の「土木部」の部員の役をやりました。ほんの10年ほど前までは「ミチツクリ」といって農道や堰の整備などの道普請をやっていたのですが、今日では舗装や護岸工事がほぼ終わりましたので、「環境整備」と称して年に2回、地区内の河川、道路の清掃や防火槽の泥上げなどを全世帯総出で行います。一

●地域ガバナンスの編制──「五助」システムの基本設計──

方、区には「厚生部」という組織があり、春先から秋にかけて（夏の農繁期を除き）月1回の河川清掃や空き缶拾いなどをやっています。これらの作業は、9つの組で分担します。

　ところが、その作業負担の配分について、いろいろな苦情や不満の声が上がっていました。一つは「厚生部」と「土木部」でほとんど同じような作業をやっているにもかかわらず、4月と11月の「環境整備」のある月には、「厚生部」の清掃作業も週を変えて行われていることに対する苦情です。月2回同じようなことをやる意味がないのではないか、という至極もっともな疑問でした。もう一つの不満は、組の間で作業負荷に不公平があるのではないかというものです。分担している作業がわずか1時間余りで終わる組があるのに、半日もかかる組もある。これは作業量の配分に不公平があるからではないか、というわけです。

　そこで土木部長さんと厚生部長さんの共催で、全組の土木部員と厚生部員を集め、休日の半日をかけて区内各組の作業現場を全員で視察して回る「区内ツアー」が組まれました。これによって、土木部所管の「環境整備」と厚生部所管の「河川清掃」が作業内容においてかなりバッティングしていること、そして各組の作業内容と作業負荷がどのようなものであるかがおよそ全員で共有できたことが、ほぼ確認できたようです。後日、土木部長と厚生部長の調整が行われ、土木部所管の作業月には厚生部の作業は行わないことが決まりました。また、土木部の寄合が開かれ、組間の不公平について作業区間の変更などの調整が行われました。

　ところで、下野原区に限らず御坂町のほとんどの区には、総会を最高意思決定機関とし、その総会によって選

出される区長、区長代理、会計の三役のほかに、代議員とか区会議員とよばれる代議的機関があります。下野原区の場合には、この代議員（各組から選出される）の中から各行政部（厚生部、土木部、文化部など）の幹部が選出されます。区組織は文字通り「ミニ役場」というべきものです。

　これらの区には、慣習法として、いろいろなコミュニティ・ルールがありますが、「区政」と様々な事業を運営するために必要な「税金」である区費（自治会費）の徴収と、環境整備や河川清掃などの「共益」（地区によっては共有林や神社境内の下草刈などもある）を実現するための世帯への割当作業である「出労」の徴発は、いずれにも共通に存在しています。

　一般区費（いわば普通税）は、１世帯年額で１万２千円〜２万円程度です。それ以外に、地区によって土木費、公民館建設積立、消防費、神社補修費などの特別区費（いわば目的税）が徴収されているところもあります。ちなみに、私の区では、一般区費が１万２千円、土木費と公民館建設積立がそれぞれ年６千円ですので、年額合計で２万４千円のコミュニティ・チャージを支払っています。

　下野原などのいくつかの区では、世帯に１人の「出労」に応えられない場合、「出不足金」などとよばれる一種の「過料」が徴収されています。作業内容や地区で違いますが、１回に付き５百円〜７千円です。同様の慣習法は山梨県内の他の市町村の地域自治会でも採用されているところが少なくないようです。また、男女共同参画が叫ばれるようになる最近まで、世帯主が男の世帯で女性が出労した場合、「差額金」などと称する女性特例の「出不足金」を徴収している地区がありました。組レベルで

●地域ガバナンスの編制──「五助」システムの基本設計──

はいまでも「伝統」を踏襲しているところもあるようです。ちなみに、たとえば鹿児島県（加世田市）でも女性特例の「差額金」のある地区があり、これを「未進半口（みしんはんこ）」（年貢が半人前しか収められていないことから、男に比べて女は労力が半人前ということか？）とよぶそうです。

　ともあれ、これらは行政の単なる「下請け」ではなく、伝統的な自治的慣習・しきたりの上に成り立つものだと考えられます。そうであればこそ、そのコミュニティ内の「共益性」の高い共同事務への全世帯参加と言う規範が広く容認され、したがってその裏返しであるところの「フリーライダー（ただ乗り）」を排除するための「ムラ掟」＝出不足金等の徴収というサンクションが、いまでも踏襲されている地区があるのだと考えられます。

　実は、ここに地域自治会という組織の本質を把握する鍵が隠されている、と私は思います。

　地域自治会は、「排他的地域独占」に基づく一定区域内の共同利益（共益）の実現を図るための自治組織であり、それ以外のテーマ別コミュニティ組織と異なり、特定のサービスを提供することを本来の目的としていません。こうした共益は、防災・防犯であれ共有地（施設）の維持管理であれ葬式・埋葬の処理であれ、その便益（受益）は特定の個人に帰属するものではなく、広く共同体成員全員に波及する性質の「共有財」（コモンズ）です。であれば、こうした便益（受益）を享受する構成員全員がそのコストを負担することが合理的なはずです。ところが、これらの共益の実現による便益を個人ごとに計量して特定することは困難です。ということは、その受益に見合うコストの特定が困難であることを意味しています。そこで解決策として各個人に均等にコストを割り振ることが考えらます。しかし、個人への均等割は、老若

男女、健常者かどうか、各人の現実的な負担能力に大きな格差が存在している以上、かえって不公平になります。そこで次善の解決策として、その負担を「世帯単位」で配分する現在のようなコスト負担方式が採用されているのだと考えられます。

　自治会費や出労の負担が世帯単位になっているのは、少なくともこれまでの地域自治会の活動の性質からみて、ベストではないがセカンドベストの「合理的な」システムだといえます。「世帯」が「受益と負担」を調整する一種の緩衝装置になっているわけです。上に紹介した事例で示したように、世帯単位をベースにした区費や出労について、区によって独自の工夫を加えながら区費制度や出労の男女別ペナルティを設けたりしているのは、事の良し悪しについての規範的判断を別にすれば、フリーライダーを排除して負担の公平性をできるだけ調整しようとする、それなりに合理的な努力の表れだと解釈できます。先に紹介した「区内ツアー」もこうした文脈においてみると非常にうまく説明できると思います。

　このように考えてくると、地域自治会の「全世帯加入制」や「世帯単位制」にもそれなりの合理的根拠があることは否めないように思われます。むしろ、共益性を享受できる「相互扶助」のシステムという面よりも、その崩壊（「共有地の悲劇」）を阻止する「負担の公平性」あるいは「義務の公平な分担」のシステムという側面にこそ、地域自治会の本来的存在理由があったのではないだろうか、と私は考えています。

　要約すると、地域自治会組織の本質的特性は「負担の公平」を組織理念としているところにあります。世間の常識では「相互扶助」の組織と考えられている面が強いようです。もちろん、そうした機能を含んでいることは

●地域ガバナンスの編制──「五助」システムの基本設計

間違いありません。しかし、より本質的には「共有地の悲劇」を引き起こさずに「共益」の維持や形成に要するコスト（お金や労力、手間など）を公平に分担するシステムという点こそが、地域自治会の核心だと考えます。「自治会費」や「出労」はその負担配分の仕組みであり、「出不足金」などのアイディアもそうしたシステムの一例です。これらのコミュニティ・ルールは、厳密には近代法の契約原理から逸脱するので、たいがいは「慣習法」によることになります。そしてそうした集合行動を取らしめている源泉（動機）が「近隣による相互監視（neighborhood watch）」です。ご近所には迷惑はかけられないという自主規制的な配慮や忖度の心理が、社会的には一種の「強制力」を持つことになるわけです。それゆえ、ごみ出しの当番制であれ地域ぐるみの社会奉仕活動であれ、集合的な行動が可能になっています。ただし、その効力の範囲はその「町内」や「部落」の中に限られます。別の地区ではまったく違うルールが採用されたりするわけです。こうした特性は、血縁で結びついた家族とも、市場原理で行動する企業とも、またボランタリー原理で行動するNPOとも、まったく違っています。あえていえば、政府・行政に近いでしょう。

　地域自治会のこうした特性は、公共空間を構成する中間組織としてポジティブな潜在力を持っていると思われます。特に、ごみ減量化のための世帯単位でのきめ細かな分別の確実な実践とか、震災に備える地区防災活動とか、多発する侵入犯や粗暴犯による犯罪の抑止や防止に備える防犯活動などのような、地縁コミュニティをベースにしなければ意味のない活動分野で、しかも地区内の住民全体が応分のコストや義務を確実に分担することによって全員が「共益」（安心や安全など）を享受できる

活動の場合には、地域自治会組織は大きな効果を上げることができると思います。

しかし同時に、それは重大な失敗にもさらされています。義務を履行せずに権利を主張するだけの、あるいはコストを負担しないで受益の恩恵にのみ浴するだけの、フリーライダー（ただ乗り）が蔓延するようになれば、この組織は正統性を失い、組織や活動が崩壊の危機に瀕することになります。また、ともすれば、地縁的一体感が昂じて、異質な他者（よそ者——山梨では「キタリモン」と呼ばれる）への配慮や寛容が欠落したり、グローバルな視点なしに地元の利害だけに拘泥して地域エゴに陥ったりするパロキアリズム（parochialism）の危険とも隣り合わせにあります。連帯感を欠いた偏狭な差別につながる危うさを持っています。男女差別もそうしたパロキアリズムの現われの一つです。これらは「コミュニティの失敗」とよぶことができるかもしれません。

なお、地域自治会についての議論の詳細は、拙著『市町村と地域自治会——「第三層の政府」のガバナンス』（山梨ふるさと文庫、2003年）をご覧いただけると幸いです。

　＜ボランタリー部門＞

阪神・淡路大震災ほど、地縁コミュニティの重要性の再認識とともに、地縁とも血縁とも無関係なボランタリーなエネルギーの重要性に私たちの目を向けさせてくれた重大な経験はないのではないでしょうか。実際、その時の経験を一大転機として、以後、ボランティア団体やNPO（民間非営利組織）、NGO（非政府組織）などの市民による公益的活動が活発に行われるようになっています。福祉、教育、環境、国際人道支援などの公共性のある活動分野で、自治体以外のボランタリー部門が大き

な役割を演じつつあります。

　ボランティア活動とは、「個人の自発的意志に基づき、営利を目的とせずに、自己実現と社会貢献とを両立しようとする活動」（金子郁容『ボランティア』岩波新書1992年）と定義されます。NPOやNGOは、このボランティア活動が行われるのと同様の公益的活動を、より組織的、恒常的に行うために目的意識的に組織化され設立された民間の非営利組織、非政府組織のことです。

　また、経済の分野でも、規模の経済性を追求する既存の企業や事業者の市場とは異なるコミュニティの次元で、介護や配食サービス、少人数保育、特産品の加工販売、便利屋的な雑用、御用聞きなどのきわめて多様な、しかも「空白」の生活ニーズを埋めるようなコミュニティ・ビジネスが生まれてきています。もともとは英国の失業対策として生まれたものだそうですが、日本では高齢者や女性の手による起業であることも多いようです。最近では、地域おこしや商店街活性化の方法として、地域通貨やエコマネーとよばれる地域限定通貨（名称は多種多様）を媒体とした人的ネットワーク再構築の試みが全国各地で取り組まれるようになってきました。ミハエル・エンデが言うように、それは国家の管理する「通貨」が、グローバリズムの嵐の中で、本来の交換媒体としてよりも、肥大化したストックや投機の対象として歪曲された現実へのアンチテーゼでもあるのかもしれません。

　ボランティア団体やNPO、NGOなどのボランタリー組織は、それぞれのテーマごとに必要に応じて設立され、他者への共感にしたがって自発的に活動することを本質としています。だからこそ、軽快なフットワークと多様なネットワークで、柔軟で臨機応変の活動が行えるわけです。受益の対象となるクライアントはたしかに部分的

ですが、その活動の範囲は個人、集団、地域から全国あるいは世界中にまで及んでいます。法令や予算あるいは管轄区域に拘束され、非常にフットワークの悪い行政組織に比べると、その特性は一目瞭然です。

　しかし、これらのボランタリー部門のもつ長所とあわせて短所についても十分に認識しておく必要があります。フットワークがよく多様な自発的ネットワークによって結ばれているということは、必要に応じて臨機応変の対応が可能という最大の長所を活かすことのできる活動形態であることを意味していますが、しかし裏返せば、ボランティア団体、NPO、NGOの活動が特定の地域や分野に偏在していること、そして必ずしも安定した継続的活動を保証されていないことといった短所も同居させていることを意味します。レスター・サラモンの言葉を借りれば、これらは「ボランタリーの失敗」に当たります（Lester M. Salamon, *Partners in Public Service*, The Johns Hopkins University Press, 1995）。決して水をさすわけではありませんが、ボランタリー部門の過小評価はもとより、その過大評価も戒める必要があるでしょう。

＜市場部門＞

　競争的市場における営利企業の活動も、NPO等と同様、一般にフットワークとネットワークがよく、国の内外を自由に行き来しています。しかし、NPOと本質的に違う点は、営利の最大化を追求することに組織の存在意義があり、採算性があるか否かが行動選択の最終規範になっていることです。需要と供給の織り成す交換関係の場である市場においていかに価格競争に勝ち残るかを競っています。営利企業はこうした市場メカニズムのフィルターを介して生き残った製品やサービスの提供を任務としているので、儲からない分野や商品カテゴリーに

は参入する必要もないし、儲からなければ撤退は当然です。消費者からみれば、必要なもので手ごろなものがあれば選択的に購入するだけのことです。

市場原理に拠ってたつ営利企業の行動は、非常に明快でわかりやすいといえます。また、採算性が見込まれる限り、いかなる分野にも進出する営利企業のエネルギーは活力に満ち溢れています。

介護保険法が施行されて4年近くが経ちましたが、法律に基づく指定を受けた介護事業者が社会サービス分野に進出することにより、介護サービスの選択可能性と競争による品質の向上が期待されているところです。また、小売業界でも大規模小売店舗立地法（大店法）の規制緩和により、大手スーパーや家電量販店などの出店が容易になり営業方法の規制も減りましたので、便利で安い商品を提供する消費者本位の営業ができるようになりました。

構造改革特区により、医療、福祉、教育などの公共サービス分野や農業分野のような、従来、市場原理とは縁遠かった分野にも営利企業（株式会社）の進出の可能性が広がってきました。

その他にも、政府・行政部門に「市場原理」や企業経営手法を導入する「新しい公共経営（the New Public Management，NPM）」の試みもあります。市場原理や企業文化は、いまや政府・行政部門にも進出しようとしています。

しかし、公共空間における市場の「成功」を過小評価すべきでないのと同様に、その過大評価もすべきではありません。地域社会においても「市場の失敗」への注意深い観察と対応が必要です。

介護保険事業の分野では、介護サービスの選択性に大

きな地域差が生まれています。過疎地域では市場原理による公共サービスの地域的供給不足に悩んでいます。また、その一方で、大都市部では競争に起因する「過剰供給」の可能性も現に生まれているようです。たとえば、ある政令指定都市では、介護サービス事業者間の顧客獲得競争と利用者の権利意識の向上があいまって、計画値を超えたサービス利用率の上昇が続き、保険給付額の増大により介護保険財政がはやくも危機的な状況に陥りつつあります。

　もちろん、これは消費者主権の考え方にたつ利用者の権利意識の向上がサービス選択の質的向上につながる一面をもちますので大いに歓迎すべき現象でもあるわけですが、しかし同時に、社会サービス供給における企業の採算性の陥穽を軽視してはならないでしょう。すなわち、厳しい競争環境にある場合、顧客の継続的な確保を目指す企業にとって、利用者「ニーズ」への軽快な応答は顧客獲得の基本であるわけですが、そうした応答はしばしば顧客に必要以上の「過剰サービス」を販売する結果を招きやすいといえます。このことは公的介護保険制度の政策目的であるところの「自立支援」を根底から損ねる社会的結果を招来する危険があります。それはあたかも、かつてバブル期の銀行が基準のあまい「過剰融資」を乱発して不良債権の山を築いた苦い歴史を髣髴とさせるものがあります。

　その上、社会的責任を欠いた安易な利潤追求が、介護保険制度の欠陥ともあいまって、レントシーキングを生み出していることも明らかになりました。介護サービス事業者による介護報酬の不正請求問題です。厚生労働省の調査によれば、都道府県の監査で不正がわかり、指定を取り消された事業所だけでも、2000年4月〜2004年1

月7日までで33都道府県、201件あり、返還請求総額は約25億円に達するといいます。これらは不正請求の「氷山の一角」にすぎないといわれています。(朝日新聞2004年1月28日付)

　また、市場原理による過当な競争にさらされてきた地方都市の中心市街地は、混雑現象と地価の高騰と少子高齢化を契機に加速された郊外化の進展によって空洞化が指摘されるようになって久しいわけです。大店法による出店規制が緩和されたことによって、結果的には、この郊外化現象は一段と顕著になりました。安売り量販店が多数展開している郊外地区の周辺道路では、土日祝祭日の交通渋滞が深刻になっているところもあります。こうした規制緩和が本当に「地域社会の健全な発展」に寄与しているといえるか、疑問も少なくありません。こうした「市場原理」の炸裂する地域社会の中で、その「復権」をめざして自治体の取り組んでいる「中心市街地活性化策」などは、あたかもドン・キホーテのカリカチュアのごとくみえます。

　さらに、PFIなどの公共サービスの「民間化」、サービス・デリバリーのアウトソーシング(外部委託等)、公社・公団等外郭団体の民営化・縮小・廃止などにより、公共サービス分野の「市場開放」が進められています。しかし、これらの「市場化」も、その成功の諸条件を個別に検討、設計していかなければ、それ自体で成功が約束されているわけではありませんので、かつての「第三セクター」ブームのときのように失敗の危険も大いにあります。なかでも、受託企業の「情報の非対称性」が顕著になり、公共サービスにかかる知識と技能の外部独占性が高まるようになると、それらに対する政治的、市民的統制が難しくなるだけではなく、政策コントロール

とコスト効率の著しい低下をきたすようになる危険性も大いにあります。これらは、現に行政サービスの民間委託や公共工事の入札でも起きている現象です。

やや話が飛躍しますが、NHKの「プロジェクトX」という番組の中に日本最初の南極観測隊の派遣プロジェクトを支えた多くの人たちと技術の織り成すドキュメントがあります。全体を通して大変感動的なものです。行く手を阻む厚い氷の海に閉ざされ、風速50メートルのブリザードが襲い掛かるマイナス50度の酷寒の地を踏査し、そこで観測をするという未知の国家プロジェクトを成し遂げるのに、いかに多くの人たちの熱意と知恵と技術とそして勇気が必要だったかが、あらためてわかります。成熟した経済システムをもつ現代において、次に進むべき道を決めかねて立ち往生しているかの今の私たちにとって、とりわけ感動的なのは、数々の技術的難題をクリアするブレイクスルーをやり遂げたエネルギーの多くが、企業によって提供されているということです。過酷な条件下でも耐性を維持できる技術力をもった小型受信機や発電機やプレハブ式テントや「宗谷」の船体を開発・製作したのは、今のソニー、ホンダ、竹中工務店、あさのドックのような、当時、ベンチャー集団に過ぎなかったような中小企業が含まれていました。

地域経済の再生やまちづくりを考える際にも、このプロジェクトXにみられるような、「夢」（ビジョン）の共有とそれらを現実化するための起業家精神（en-trepreneurship）の糾合が欠かせないのではないでしょうか。

＜政府・行政部門＞
自治体も含めた政府・行政部門は、民主主義の原理の下で、公平性と効率性の確保を主たる任務としています。

他のセクターとの相対比較の視点からみた顕著な特性は、法律や条例に基づく強制力を行使することのできる権限（公権力）が与えられていることです。こうした公権力の行使は基本的人権の制約や侵害を伴いますから、その濫用を防止したり濫用からの救済や補償を行ったりすることはもとより、誰にでも等しく均一にその効力が及ぶよう公平性、全体性（全体の奉仕者としての公務員）の原則に則った行動が要求されます。

しかし、行政活動の場であり、その働きかけの対象でもある社会システムが複雑化するにつれて、行政組織の複雑化と肥大化が進み、縦割り行政の弊害、迅速な意思決定の欠如、非能率な「お役所仕事」、「親方日の丸」の権威主義的意識の蔓延などの機能不全や逆機能が顕著になります。

また、公権力を背景に幅広い国民、住民から徴収される税金を原資とする行政活動は、元来、その受益と負担の個別対応が成立しないところに本質的特徴があり、そこに常に「フリーライダー（ただ乗り）」の危険性が内在しています。それに加えて「公平性」の政策決定をめぐる政治判断の恣意性が構造化されるようになると、それらの政策決定によって特権的利益を享受する社会集団や地域集団による組織的なレント・シーキング（特権的利益追求、既得権益への固執）が恒常化するようになり、資源配分の公平性と効率性が損なわれるばかりか、政府・自治体の正統性も危機に瀕するようになります。深刻な政治不信、行政不信が社会全体に広がります。統治可能性（governability）の危機です。これらは「政府の失敗」とよばれています。

こうした「政府の失敗」を乗り越えて、自治体が地域社会のなかで期待される使命を果たすためには、政治行

政の原点に戻る必要があります。自治体（地方政府, local government）とは、そもそも地域社会における公共問題の定義やその解決法についての「舵取り（steering）」を行うための組織であるはずです。そしてその舵取りの道具こそ、社会システムをコントロールする手段としての「公共政策」です。この場合の「公共政策」とは、「お上の政策」ではなく「みんなの政策」という意味です。この意味の公共政策により地域社会の統合を図ることが自治体の第一義の使命だと思います。

(3) 地域ガバナンス編制の原理としての五助論

地域社会システムを構成している主なセクターの代表組織の特性を対比した結果、いずれのセクターにも固有の「成功」と特有の「失敗」が内在されていることがわかりました。

こうした認識をベースにしながら、それぞれのセクターの「成功」をできるだけ引き出し、その「失敗」をできる限り抑止できるような地域社会システムを設計できないだろうか。これが私たちの取り組むべき次のテーマです。

私は、こうした統合的な地域社会システムの理念型を「五助」システムとよびたいと思います。そのイメージを描いたのが図2-1です。

図2-1　地域社会における混合体制としての「五助」システムのイメージ

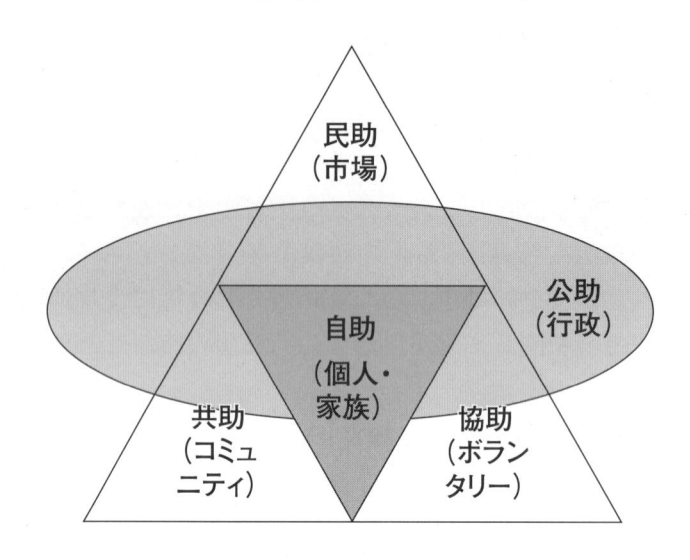

（図：三角形の頂点に「民助（市場）」、右下に「公助（行政）」、左下に「共助（コミュニティ）」、その間に「協助（ボランタリー）」、中央に「自助（個人・家族）」）

　「五助」論のポイントは、従来、一般に広く知られている「自助」「共助（または互助）」「公助」の三助論のアイディアを受け継ぎながら、地域社会システムを再構築するための地域ガバナンス編制の視点から、「三助」のすべての要素に修正を加えていることです。
　修正点の詳細を説明するまえに、そもそも「三助」論がどのようなものであるかを紹介しておきましょう。

　「三助」論の代表的ステートメントである旧厚生省の高齢社会福祉ビジョン懇談会報告「21世紀福祉ビジョン——少子・高齢社会に向けて」（平成6年3月29日閣議報告）では、日本社会全体の社会保障のグランドデザインを示す中で、その一環として「自助、共助、公助の重層的な地域福祉システムの構築」を提言しています。その中で、「個人の自立を基盤とし、国民連帯でこれを支えるという『自立と相互扶助』の精神を具体化していく

ためには、地域社会が持つ福祉機能を拡充、強化していくことが重要であり、地域を基盤とし、個人や家庭、地域組織・非営利団体、企業、国、地方公共団体などが各々の役割を果たす、総合的な保健医療福祉システムを確立していくことが必要である。」（厚生省大臣官房政策課監修『21世紀福祉ビジョン――少子・高齢社会に向けて』第一法規、9頁）と述べています。これは、政府が「福祉多元主義」を政策理念として採用したことを示すステートメントとして、非常に画期的な報告書だったと思います。ただ、この報告書には「自助」「共助」「公助」のそれぞれの定義が明示されているわけではありません。

次に、地域福祉ビジョンよりはもう少し広い視野からまちづくりのあり方について論じた「三助」論の例として、荒田英知の「自助」「互助」「公助」のまちづくりを挙げることができます（荒田英知『自立する地域――自助・互助・公助のまちづくり』PHP研究所、1999年）。荒田はこの中で、「地域主権」を発揮できる自立した地域を再構築していくためには、自治体経営機能を強化するための規模拡大（広域化）と、住民自治機能を拡充していくための規模縮小（狭域化）という一見相反する二つの要請を統合する必要がある。そこで、グローバル化とローカル化の相反する二つの方向を統合せんとするEU統合の基本原理である「補完性（subsidiarity）」の原則を、日本のまちづくりにも具体化することが有効だ、と主張しています。

ちなみに、「補完性の原則」は、そもそも戦後改革の一環としてスタートした地方自治制度改革（地方税制改革）に関して、行政権限の国・地方間での配分の原則としてシャウプ勧告が打ち出した「市町村優先主義」の原

●地域ガバナンスの編制――「五助」システムの基本設計――

45

則でも、はっきりと示されていました。「補完性の原則」とは、個人や家族でできることは自分たちでやり、コミュニティの範囲でできることはコミュニティでやる。そして、その能力を超えることで行政がやるべきことでも、まず身近なことでできることについては基礎自治体としての市町村がやり、それでできないようなことを順次、都道府県や国が補完する、という考え方です。つまり、「社会の多元的統一を図るための、下からの階層秩序原理」であり、出発点は個人や家族にあるという考え方に他なりません。

　私がここで提案している「五助」というガバナンス編制の考え方も、この「補完性の原則」と相通じる面があります。なぜなら、「補完性」とは、裏返していえば、どの「階層」も万能ではなく、それぞれに「限界」があることを大前提にしているからです。「限界」があるからこそ「補完」が意味をもつわけです。ただ、「補完性の原則」という考え方は、「下からの階層秩序原理」であり、市民と政府の関係、「下位」の政府と「上位」の政府との関係といった「階層」間の秩序統合に基本的な焦点を当てているものだと思われます。今日的なガバナンス編制は、こうした垂直的な「階層秩序」の再編成に加えて、水平的な「空間秩序」の再編成も要請しています。

　さて、この「補完性の原則」は、ヨーロッパのキリスト教世界に由来する考え方だといわれていますが、荒田によれば、日本にも存在していた社会原則だということです。江戸時代後期の米沢藩の財政再建で知られる上杉鷹山がその藩政の舵取りの要諦としていた「自助・互助・公助」が、それです。荒田の解説によれば、「『自助』とは自らできることは他人を頼まないこと、『互助』と

は村落などの近隣社会で助け合って解決できることはそのなかで行うこと、それでも解決できない時のみ藩が『公助』するというものである。つまり自助・互助・公助の『三助』によって、藩財政を再建しつつ、弱者を切り捨てない地域社会をめざそうとしたのである。」（同上書103-4頁）ということです。まさに日本版「補完性の原則」といえそうです。

荒田の議論もたいへん面白く刺激的なものだと思いますが、伝統的「三助」論が、そのまま現代社会システムの分析や再設計に応用できるか、疑問です。なぜなら、今日的な地域のガバナンス編制を設計するための基本指針となるには、垂直的な「階層秩序原理」だけではなく、「自助」や「互助（共助）」の間における水平的な秩序再編をリードできる概念が包含されていなければならないからです。

そこで、以上のような「三助」論の積極的な意義を引き継ぎながらも、次に掲げるような点についてそれに修正を加える必要があると思います。

まず修正点の第1は、「三助」論の文脈でいうところの「自助」のあいまいさに対する修正です。「三助」論で「自助」といわれるものには、本来的な個人や家族の自己責任・自己努力によるところの「自助」と、市場メカニズムの活用という意味での「自助」とが混在しています。すでに述べたように、家族セクターにおける「自助」は、「愛」をベースにした養育、扶養、助け合いであり、経済計算をベースにした市場原理を利用する意味での「自助」とは、論理的にも心理的にまったく異なっています。この小著では前者を＜自助＞とよび、後者を＜民助＞とよんで区別することを提案します。

次に、「三助」論のもつ重大な問題点は「共（互）助」のあいまいさです。この概念には、本来明確に弁別すべき異質なセクターである、地域コミュニティ部門の活動とボランタリー部門の活動とが混同されています。それがため、たとえば町内会、自治会等の伝統的なコミュニティ組織と新しいボランタリー組織であるボランティア団体、NPO、NGOとを十把一絡げに位置づけて論じるなどの傾向を生み、結果的には地域の特性や実態に即したきめ細かな制度改革や制度設計をミスリード（誤誘導）しかねない危うさを内在させているように思います。したがって、第2の修正点としては、「三助」論でいうところの「共助（あるいは互助）」の概念をより厳密に区分して、伝統的なコミュニティ組織や近隣組織による活動を＜共助＞とよび、ボランタリー組織の活動を＜協助（ともじょ）＞とよぶことを提案します。

　さらに、従来、「公助」といわれてきた事柄の意味内容も、常にあいまいさが付きまとっていたことは否めません。「公助」の機能は、自助・共（互）助の機能とどんな関係にあるのか。代替関係なのか、補完関係なのか。そもそも自助・共（互）助・公助というときの「公助」は、他の二助と同列の一助なのか、それとも同列でない特別の一助なのか。こうした問題意識から「三助」論でいうところの「公助」としての自治体・行政の役割についても、より厳密な概念化と理論的位置づけが必要だと思います。

　したがって、第3の修正点は、＜公助＞の機能をより明確にするため、その中に次元の異なる二つの要素を明示的に位置づけることにします。＜公助＞の第1機能は、住民ニーズの代替・補完的な行政サービス供給主体（「五助」の中の同列の一助）という側面です。これに加えて、

●地域のメタ・ガバナンスと基礎自治体の使命

＜公助＞の第2機能には、地域におけるガバナンス編制の総合調整それ自体を特有の任務とする「メタ・ガバナンス（metagovernance）」の主体、すなわち「地域ガバナンスの総合調整役」としての側面が含まれます。この小著のテーマも、この「メタ・ガバナンス」としての自治体の使命を考察することにあります。

「五助」の各要素のレベルや組み合わせは、地域社会により非常に多様だと思われます。また、同じ地域社会の中でも政策や行政の分野によって、そのパターンは一様でないと思われます。

それぞれの地域社会の現状を分析し、そのシステムを再構築するための基本設計を、それぞれの地域社会で再検討する必要があるのではないでしょうか。

「五助」システムの基本的な考え方を理解していただけたと思いますので、次に各＜助＞の概念の内容やそれを担うアクター（主体）について考えてみたいと思います。

＜自助＞

自助（self-help）とは、個人の尊厳が守られることを大前提として、個性や特性に応じた各人の多様な自立・自律が尊重される状態です。そのキーワードは「自立」と「自律」です。

「自立（independence）」とは、広辞苑によれば「他の援助や支配を受けず自分の力で身を立てること。ひとりだち。」と書いてあります。ここでは、ライフサイクル、環境、自己の残存能力等に応じて、他者に過度の依存をすることなく、自己の能力が最大限に発揮できるように努力し行動すること、をさすものと考えたいと思います。

49

一方、「自律（autonomy）」は、広辞苑では「①自分で自分の行為を規制すること。外部からの制御から脱して、自身の立てた規範に従って行動すること。②［哲学］（ア）カントの倫理思想において根本をなす観念。すなわち、実践理性が理性以外の外的権威や自然的欲望には拘束されず、自ら普遍的道徳法を立ててこれに従うこと。（イ）一般に、何らかの文化領域が他のものの手段でなく、それ自体のうちに独立の目的・意義・価値を持つこと。↔他律。」とあります。これは自己決定・自己責任と言い換えることもできると思います。ここでは、一定の社会的価値規準から自己の意志や行動のコントロール（制御）を行うこと、もしくはそれを行う意志を有していることが、自律という言葉の意味だと考えたいと思います。ここで「社会的」という意味は、自分本位、自己中心的ではなく、社会関係において容認された何らかの規範を含んでいることをさしています。

　自立も自律も似ていますが、よくよく考えるとやはり違う意味を含んでいますので、区別する意義はあるように思います。たとえば、経済的に自立している夫と妻の間でも、夫（または妻）の同意がなければ何も決められない妻（または夫）は自律に欠けた状態にあるといえます。また、介護などで他者の世話になる程度の大きな寝たきりのお年寄りは、身体的な自立度は低いかもしれませんが、自分の残存能力を最大限にふりしぼって、たとえ時間がかかっても自分の力で食事を摂りたいという思いからリハビリに取り組む意志があれば自律的だといえるでしょう。

　ところで、話が若干ズレるかもしれませんが、自立を支える源泉とは何でしょうか？　私は、「自分を大切にする」という「自己愛」こそ自立を支える源泉ではない

かと思います。以前、荒れる学校をテーマにした討論の場で、若者が「なぜ人を殺してはいけないのですか？」と発した根源的な問いに対して、居合わせた教師たちが答えに窮した、ということが話題になったことがありました。そのとき私が一番ショックだったのは、子どもたちがそこまで突き詰めた設問をしたこともさることながら、それに対して居合わせた教師たちが答えに窮したという事実でした。「個性」とか「生きる力」とか、もっともらしいことをいいながら、そうした事柄にかかわる最も根源的な問いに対して、返す言葉に窮する教育現場の「教育」とはいったい何なんだろう？と大いに疑問を感じたものです。

　「自己愛」が形成されず、あるいはそれが崩壊したときには、「他者愛」が成立するはずもありません。ホッブスの『リヴァイアサン』を引き合いに出すまでもなく、自己愛がなければ、家族も社会も、そしておそらく「国家」も成立しません。したがって、「国家」が人を殺すことと、「私」が人を殺すこととの本質的な差異が弁別できませんから、刑罰や戦争で「国家が人を殺すこと」の根源的な是非も議論できないことになります。あらゆることが「闇の世界」です。そこでは自己の「自立」など何の意味も持たないでしょう。自己確立のステップである「自立」が欠如していれば、「自律」の存在する余地もありません。

　「自己愛」が「自分を大切にしてくれる」他者との関係の中で形成されるのだとすれば、その原初的な他者との関係の形成の場が、やはり「家族」ということになります。もちろん、人にはいろいろな境遇があります。それが常に血縁的な意味での家族でなければならないわけではありません。また、家族形態が非常に多様化してい

る中では、なにも「標準世帯」的な家族である必要もないでしょう。逆にいえば、血縁的な家族であっても、そこに何ら「愛情の交換」がなければ、「家族関係」は形成されないことは明らかでしょう。

何がいいたいのかというと、「自助」が社会の根源（コア）である、ということです。コアのない「社会」は容易に崩壊してしまうに違いありません。したがって、個人と家族関係を主体とした「自助」は、私たちの社会を成立させている基盤なのだと考えられます。

しかしそうはいっても、自給自足の社会ならともかく、現代社会では個人や家族が孤立して生産、労働、消費、娯楽、その他の社会生活を営むことは不可能です。社会的な相互依存関係の網の目の中で暮らすほかありません。身近な地域社会でもそうです。

＜共助＞

「共助」とは、地縁的コミュニティにおける何らかの共益性の実現を図るための集合的な協力行動のことです。「遠くの親戚より近くの他人」（血縁より地縁）といわれるような近隣社会での相互扶助（葬式の手伝いとか一人暮らしのお年寄りの見守りや声掛けなど）や一定の地理的範囲内における共益を維持するためのコストの分担（ごみの分別の徹底とか地域防災・防犯活動）などの集合行動をさしています。

現代社会では「コミュニティ」の概念は非常に多様です。職場や学校、学会や専門家集団、趣味やスポーツ仲間、などの多様なコミュニティがあります。さらに、知縁コミュニティとか電脳コミュニティなどという造語もあるくらい、IT社会におけるコンピュータ・ネットワークの普及に伴い、インターネットで結びついたグローバル・コミュニティもたくさんあります。ですから、かつ

てのように「コミュニティ」概念が地縁的コミュニティだけをもっぱらさすと考えられた時代は、すでに終わりました。

　しかし、だからといって、地縁的コミュニティは無用になったといえるでしょうか？　たしかに、グローバリゼーションの時代に、地縁的コミュニティだけが労働や生活の中心であるという状況は少なくなりつつあります。しかし一定期間どこかに住むという物理的選択が不可避な以上、そこに互いに住んでいるという関係で結びついた地縁的コミュニティが依然として社会的意味をもつことは明らかです。

　NHKで「難問解決！ご近所の底力」というテレビ番組があります。商店会、町内会、団地自治会などの住民が、地縁的コミュニティの中で生じたトラブルを、全国の他のコミュニティでの成功事例を参考にしながら、自分たちで解決策を考案し、それを実行し、そして解決を目指そうとする住民自治の取り組みを番組にしたものです。これまでに放置自転車対策、町内の落書き対策、生ごみを狙うカラス対策、団地内の迷惑駐車対策など、いくつもの取り組み事例が紹介されました。これらが示唆していることは、地縁的コミュニティにおけるトラブル解決のニーズが、現代の都市住民の間にも広く存在しているということです。地縁的コミュニティは、農村社会だけに残存し、いずれは都市化により廃れ行くコミュニティである、とはいえない。少子高齢社会への移行に伴い、大都市における地縁コミュニティの重要性は、むしろ高まりつつあるとさえいえます。

　そして、これらのトラブル解決の住民組織の中心となる主体は、町内会、自治会、マンション管理組合、商店会などの伝統的な地縁的コミュニティ組織だという点に

注目したいと思います。特に、団地内の迷惑駐車対策の事例（2004年1月8日放映）のように、道路交通法による警察の取締りができない私道であることをいいことに、傍若無人の迷惑駐車をして憚らないフリーライダーを排除することが目標となるケースにおいては、単なるお願いやお知らせではなく、団地住民の総意に基づくコミュニティ・ルールの明示とそれに基づくコスト負担の実行が不可欠であることが浮き彫りにされました。こうした団地住民全体にかかわるようなコミュニティ・ルールやコスト負担ルールの作成と実行は、単なるボランティア団体やNPOでは難しいでしょう。それはやはり、当該地縁コミュニティ構成員全体の意思を代表し、一定の共同体的価値の権威的配分について正統性を承認された組織（少なくともそういうものと共通の了解がなされている組織）、すなわち自治会、町内会等の地域自治会を措いて他にないのではないでしょうか。この点に自治会・町内会再生の鍵が隠されているのではないでしょうか。

　地縁的コミュニティにおける「共助」のアクターは、地域自治会の他にもたくさんありえます。その地縁コミュニティの範囲をどう捉えるか、自治会、町内会の範囲よりも狭くとらえれば、「近隣」コミュニティになり、近隣のインフォーマルな関係や慣習から、「組」や「班」といった地域自治会を構成する最小ユニットのような半ばフォーマルな組織まであります。また、その範囲を広くとらえれば、小学校区や中学校区などの地縁的コミュニティを想定することもできます。地縁的コミュニティも非常に重層的です。

　地縁的組織や役職の種類も多様です。消防団、青年団、老人クラブ、婦人会・愛育会、PTA、子ども会・育成

会、体育協会、防犯協会、交通安全協会、生産・出荷組合、水利組合、等々。その他にも、半ボランティア半公職の民生・児童委員、保護司、社会教育委員などの役職も地縁的コミュニティにおける「共助」のアクターとして大きな役割を果たしています。

　＜協助＞

　「困ったときはお互い様」とは、「互いに助け合うこと」（広辞苑）を意味する「互助」のことですが、私はここでは、血縁関係や地縁的関係にかかわりなく普遍的に交わされる「善意（自己愛と他者愛）の交換」のことを＜協助＞とよぶことにします。これは個人の自発的な意志に基づき、自己実現（自己愛）と社会貢献（他者愛）とを両立させようとする行動を意味しています。

　＜協助＞のなかには、ボランティア団体、NPO（民間非営利組織）、NGO（非政府組織）などのボランタリー・セクターの活動が含まれます。「国境なき医師団」のような国際的な医療支援を行っているもの、青年会議所（JC）のような全国的な階層組織をもったもの、都道府県の範囲でボランティア活動やNPO活動のコーディネートを任務としているNPO法人のような組織化されたものから、小さなサークル活動として「点字ボランティア」をやっているようなグループまで、そのアクターたちはきわめて多様です。

　それと同時に協同組合運動や労働組合運動がボランティア原理や市民協同原理と結びつくかぎりで、組合運動も協助に包摂することができます。というよりも、もともと＜協助＞という用語は、高齢者生活協同組合運動を立ち上げてリードされてきた三重県高齢者生協の初代理事長、中西五洲氏の造語（朝日新聞1997年5月23日付「論壇：高齢者生活協同組合のすすめ」）に、私たちがボラ

ンティア原理を加味して独自の用法にしたものなので、出発点は協同組合原理だということです（日高昭夫「超高齢化時代の地域社会と『市民活動』」山梨学院大学行政研究センター編『市民活動の展開と行政』中央法規、1999年）。

ボランティア原理についてはすでに詳しく述べたので、ここでは「市民協同活動」について説明しておきます。

たとえば、高齢者生活協同組合は、市民が資金を拠出（出資）しあって、高齢者のための給食サービスや介護サービスを提供する市民互助ネットワークです。2003年6月現在、33都道府県にあります。これは純粋なボランティア活動でもなく、また資本主義的な営利活動（＜民助＞）でもありません。自発的な市民参加を基礎とした経済的協同活動です。ワーカーズ・コレクティブなどの運動が日本でもよく知られています。ドイツのフライブルク市では、市民が共同出資して、市営サッカースタジアムの屋根に太陽光発電装置を取り付け、発電された電気を市の公社が買い上げ、出資者はその配当を受け取るという、いわゆるフライブルク方式により環境保全活動を行っています。日本でも、北海道の生活クラブ生協と北海道電力が提携して、風力発電の普及に市民協同方式を導入しようとした「緑の電気料金」の試みがありました。類似の試みは、森林保全や農畜産振興の分野でも行われています。ちなみに、私は宮崎県出身ですので、地域おこしの願いをこめてスカイネットアジア航空（SNA）が立ち上がったとき、主観的には「市民協同原理」による応援のつもりで、かみさんを誘って、わずかばかりの「出資」をしました。

こうした市民協同原理による＜協助＞は、地縁関係に

基づく「範囲」の限界から解放され、またボランティア活動のような「時間」の限界からも自由な、それでいて地球環境保全とか、超高齢社会への対応とか、地域振興といった、その必要性を痛感しながら、なかなか実際の行動に踏み出せないでいる人たちに、新しい形態の「市民互助」に参加するチャンスを拡大することにつながるのではないでしょうか。

　もちろん、この市民協同原理による＜協助＞も万能ではありません。資本主義的な営利活動と同様に、一定の「規模の経済性」や「範囲の経済性」が確保できる程度に、その参加のネットワークが広がらなければ、活動そのものが成立困難です。また、出資や配当という参加の経済的誘因は、同時に参加可能な経済階層の幅を限定する要因となりえます。

　労働組合運動も、それが組合員の互助と組織防衛の範囲を超えて、ボランティア原理や市民協同原理に立つ市民公益活動に結びつく限りで、＜協助＞のアクターになりえると思います。

＜民助＞

　市場の契約原理に基づく＜民助＞は、柔軟で多様なサービスを選択的に提供できる点に大きな魅力があります。しかし、「金の切れ目が縁の切れ目」という本質をもつ以上、固有の限界にさらされていることはすでに述べたとおりです。ここでは＜民助＞のアクターについて考えてみたいと思います。

　営利を目的として地域で活動している企業組織や事業所などが中心的アクターであることはいうまでもありません。自営の商店主やサービス事業者などもそうでしょう。旅館業組合や建設業協会などの業界組織も、ここでいう＜民助＞のアクターに入れてよいでしょう。

では、商工会議所や商工会などの産業組織はどうでしょうか。商工会議所法によれば、「商工会議所は、その地区内における商工業の総合的な改善発展を図り、兼ねて社会一般の福祉の増進に資することを目的とする。」（第6条）とあり、「営利を目的としてはならない」（第4条第1項）、「特定の個人又は法人その他の団体の利益を目的として、その事業を行ってはならない。」（同条第2項）と規定されています。商工会も同様です。しかも、法律上、これらの団体が「公共的団体等」と位置づけられ、自治体の首長による「綜合調整」や「指揮監督」の対象とされている（地方自治法第157条）ことを勘案すれば、なおさら＜民助＞のアクターとはいえない気がしてきます。

　しかし、商工会議所の会頭や副会頭には、地元有力企業、金融機関、地方新聞社などの会長や社長などの実業家が就任するのが当たり前ですし、その総本山である日本商工会議所は、日本経団連、経済同友会と並んで、いわゆる「財界三団体」の一角を占めています。特定地域の商工会議所や商工会が行っている事業も、たしかに特定の個人や法人の利益を個別に擁護するものではありませんが、総体として地域の経済産業の担い手を支援する＜民助＞の＜民助＞を任務としていることは明らかでしょう。その限りで、商工会議所や商工会のような経済産業組織を＜民助＞のアクターに位置づけることは可能だと思います。

＜公助＞

　ここでいう＜公助＞とは、公共政策を媒介して公共サービスと公共空間を制御する機能をさしています。＜公助＞の主体は自明のようですが、案外、難しいかもしれません。地域における＜公助＞の中心は、すでに述

べたとおり、自治体です。この点について異論は少ないと思います。しかし、公共サービスを補完・代替する主体は、地域社会においても多様です。公社、公団、第三セクターなども同様の役割を担っています。また、先ほど＜民助＞のアクターと位置づけたばかりの商工会議所（商工会）も、法律上「公共的団体」であるというばかりでなく、その公共的機能に着目すれば、まちおこしや中心市街地活性化などで公共政策の立案や実施の主体ともなります。農協や漁協、観光協会なども同様でしょう。

　しかしそうはいっても、「公共空間」のマネジメントを専門に担当する職業集団という意味で、＜公助＞における自治体の役割は、他の組織・集団に比べて格段の重みがあると思われます。「メタ・ガバナンス」としての自治体の使命という面を次に考えてみましょう。

(4)　メタ・ガバナンスとしての自治体の使命

　＜公助＞としての自治体が果たさなければならない最も重要な役割機能は、各助の特性を生かした自立支援と五助システム全体の総合調整です。行政経営の観点から言い換えれば、地域経営のための体系的、戦略的な舵取り（steering）です。

　イギリスの行政学者ボブ・ジェソップは、「ガバナンスの失敗」という論文の中で、ガバナンスの担い手の「成功」と「失敗」を指摘した後、それらの組織間関係を総合調整するためのメカニズムとしての「メタ・ガバナンス（metagovernance）」の必要性を論じています（Bob Jessop, "Governance Failure," in Gerry Stoker(ed.) *The New Politics of British Local Governance,* MacMillan, 2000, pp.23-25）。

　ちなみに、"meta-"とは、「超…」「より包括的な」

(beyond)などの意味を持つギリシア語に由来する接頭語です。ですから、"metagovernance"は直訳すると「より包括的なガバナンス」といった感じに近いでしょう。ここでは「メタ・ガバナンス」または「ガバナンスの総合調整」とよぶことにします。

では、その「メタ・ガバナンス」の主要な担い手は誰なのか？　ジェソップの出した答えは、やはり「ガバメント」でした。すなわち、私たちの考え方と同じように、自治体（英国の事例研究をベースにしているジェソップの場合、必ずしも「自治体」に特化していませんけれども）がそういう機能を担うべきだというものです。

具体的にはどのようなことを「メタ・ガバナンス」の機能と考えているのでしょうか。ジェソップの挙げている機能をいくつか例示してみましょう。

① ガバナンスの担い手（パートナー）が共有可能な基本原則や規制秩序の規定。
② 異なるパートナー間でコミュニケーションや協働が可能となるような言語や行動様式の共有。
③ 情報の共有。
④ 苦情処理。
⑤ パートナー間のパワーバランスの調整。
⑥ ガバナンスが失敗した場合の政治責任の明確化。

もちろん、これらの「メタ・ガバナンス」の機能をもっぱら自治体だけが担うべきだと主張しているわけではありません。実際、NPOのNPOともいわれるような総合調整型NPO（ボランティア協会とかNPOセンターなど）はメタ・ガバナンス機能の一部を担っています。また、ガバナンスを「統治」する「超政府」を志向しているわけでもありません。ガバナンスの総合調整機能を担う中心的な主体として、これからの自治体は新たな役割

を期待されていることを強調しているにすぎません。

　自治体のメタ・ガバナンス機能に着目した場合、その実効性を上げるために必要なことは、各セクター（各助）のアクターとの間の調整機能を引き受けるインターフェイス（情報の交換・共有・制御のしくみ）を整備することでしょう。

　以下では、このインターフェイスについて考えてみます。

　第1に、不特定多数の市民（公衆）とのインターフェイスがあります。政策過程において不特定多数の一般住民の参加と協働をいかにして実現できるか。政治参加の基本が公職選挙を通じた投票行動であることはもちろんですが、その不完全さを補う直接参加と協働のインターフェイスを整備することが求められています。地方自治法上の直接請求制度（条例制定改廃請求や公職者の解職請求など）の一層の充実、審議会等委員への公募制、立案段階で一般公衆から意見や提言を求めるパブリック・コメント制度、特定の政策争点（合併の是非や枠組み、原発・産廃処分場などのいわゆる迷惑施設建設など）について直接住民の意思を問う住民投票制度、行政苦情処理制度などの導入・整備にかかる領域です。そのほかにも首長などの行政幹部との対話集会とか、手紙・ファックス・Eメールなどによる意見・提言・苦情の受付など、さまざまな工夫が行われてきています。

　最近では執行機関だけでなく、議会においても傍聴制度のPR・改善、参考人制度や協議会・懇談会などを活用した住民参加の充実などを志向するアクティヴ議会への改革が取り組まれつつあります。

　自治体の基本構想や総合計画を市民との協働で作り上げた三鷹市や日野市の事例とか、公園や児童館、図書館

などの公共施設を基本設計段階から建設後の管理運営段階まで市民との協働によって成し遂げた事例など、多くの成功事例が紹介されています。

　しかし、いずれにしても、課題満載というのが現状のようです。たとえば、審議会等委員を「公募」しても実際には応募者が少ない（もしくは特定の応募者しかいない）とか、パブリック・コメントで意見を寄せてくるのは関連業界などの利害関係者がほとんどであるとか、十分な情報提供もなされないままの住民投票が政争の道具に利用されてしまうとか、いろいろな課題がたくさん残されています。

　また、「協働」がいろいろな形で進められるに伴い、協働型行政のジレンマも深刻になりつつあります。私は、東京多摩地域の東村山市におけるごみ減量化をめぐる市民と行政との協働過程について事例研究を行いましたが、地域ガバナンスにおける協働型行政の画期的な意義を確認できたと同時に、協働が総論的なものから各論的なものに移行するにつれてその深刻なジレンマも浮き彫りになることがわかりました。（詳しくは、日高昭夫「多摩地域における一般廃棄物処理行政の実施構造」中央大学社会科学研究所『多摩地域の都市ガバナンス』2003年に所収を参照。）

　第2は、地域コミュニティおよびその代表的組織である地域自治会などとのインターフェイスです。地域コミュニティを中心的なステージとして活動している団体、組織も多様です。伝統的なものだけでも、町内会、自治会などの地域自治会のほかに、消防団、青年団、婦人会、老人クラブ、PTAや子ども会（育成会）、体育協会、交通安全協会、防犯協会、各種の生産・出荷組合等から、半公職半ボランティアの民生・児童委員や保護司、社会

教育委員等まで、非常に多岐に渡っています。ガバナンス全体の総合調整という地域経営戦略全体の構図の中で、これらの伝統的組織・集団とのインターフェイスも再構築する必要があります。

詳細は別著（『市町村と地域自治会』）に譲りますが、行政とこれらの団体、組織との間の「寄生的相互依存」関係を清算して、目的や機能に応じた新しい協働関係を再構築すべきです。

第3に、ボランタリー部門とのインターフェイスです。ボランティア団体やNPO、NGOなどの「公」と「私」とをつなぐ新しい中間集団に対して、自治体の臨むスタンスも変化しつつあります。たとえば、横須賀市や浜松市では「市民協働条例」を制定して、こうした新しい集団、組織との協働の必要性と基本ルールを市民に対して宣言すると同時に、市職員に対しても全庁的な取り組みを促しています。また、東京都や三重県などでは「市民協働」の指針やマニュアルをいち早く策定しています。その中で具体的なインターフェイスの方法（交渉、権限委譲、委託、共催、補助、実行委員会・協議会、協定、審議会・検討会等への参画、後援、事業協力、等々）について詳細な記述がなされるようになりました。これらは協働の実績に基づく経験知を一般ルール化する段階に入りつつあることを示唆していると思います（山本啓＝雨宮孝子＝新川達郎編著『NPOと法・行政』ミネルヴァ書房、2002年）。

第4に、自治体と市場とのインターフェイスのあり方についても再検討が必要です。PFIやアウトソーシングなどの行政サービスの新たな調達法をめぐる市場のマネジメントはもとより、これまで自治体政策として蓄積の乏しい地域産業政策や介護保険事業計画などを通じた社

会サービス市場のコントロール政策のあり方は、地域のガバナンスを大きく左右する重要な課題領域だといえます。

　地域公共政策により自治体が社会システムをコントロールする場合、事業者や消費者の「経済計算」を十分に考慮に入れた政策手法を開発し駆使する必要があります。この点で、市場指向型NPMは、公共サービスの供給に消費市場メカニズムの導入を図ろうとする新しい補助制度であるバウチャー制度とか、経済的誘因の操作により需要管理を行おうとする環境税や料金制（ごみ有料化やロード・プライシング）などの、特に「経済制度」による行動の誘発という手法（経済手法）において学ぶべき多くのヒントを提供しているように思われます。

　これらの経済手法の導入は、「採算性」や「経済計算」にしたがい行動する事業者や消費者の動機や需要に注目し、多くの利害関係者が選択的に公共空間に登場できる余地を広げた点で、非常に画期的です。しかし、それはあくまで「損得勘定」に基づく自己利益に期待したコントロール手法ですから、インセンティヴまたはディスインセンティヴの「効力」が希薄化すれば、市場からの退場と同様、たちまち公共空間からの撤退が始まることになります（公共空間における市場の限界）。したがって、市場とのインターフェイスは、公共問題解決の万能薬とはいえません。（ガバナンスと政策手法の関係については、拙著『ローカル・ガバナンスと政策手法』イマジン出版、2002年を参照して下さい。）

③ 地域のメタ・ガバナンスの基本ルールとしての自治基本条例、まちづくり基本条例

　前章で紹介したジェソップが指摘したように、メタ・ガバナンスの基本機能の一つは、ガバナンスが成立するための基本ルールを制定し維持する機能です。これは自治体が率先して担わなければならない固有の第一義的メタ・ガバナンス機能です。

　その可能性を「自治基本条例」あるいは「まちづくり基本条例」に見出すことができるかどうか。この点について、この章では検討してみたいと思います。

　そのため、いくつかの先行自治体でトライされている自治基本条例の制定状況に分析を加えることにします。自治基本条例の制定は、分権体制下における自治体と地域住民の「憲法」（自治憲章）となるべき「最高規範」、すなわち基本ルールの制定を志向する新しい運動と理解されています。

　この小著で取り上げる「自治基本条例」は、全国の市町村において2003（平成15）年3月31日現在で公布されている条例のうち、「自治基本条例」または「まちづくり基本条例」という名称をもつ条例です。また、参考のため北海道の「行政基本条例」もこれに加えることにします。「基本条例」という名称を持っていても、「環境基本条例」などのように特定の政策分野に限定された条例は除外します。また、「まちづくり理念条例」（箕面市や猿払村）のように類似しているものの、理念の宣言を目的とした条例も除外します。「志木市市政運営基本条例」もわずか5条で構成された「理念」条例だとみなすことができますので、「基本条例」という名称であってもこ

こでは除外しました。さらに、多摩市や伊東市の「自治基本条例」のように市民や市議会が強くコミットしている点で注目すべき事例も少なくありませんが、上記の調査時点で制定・公布されていないものはすべて除外しました。全国すべての「自治基本条例」を網羅したものでは必ずしもないかもしれませんが、少なくとも市区町レベルの動向は捕捉できていると思います。

なお、自治基本条例の基本的な考え方や個別条例の制定過程等を把握し、今後の制定動向を予測するためには、地方自治職員研修特集号(『自治基本条例・参加条例の考え方・作り方』公職研、2002年)や神奈川県自治総合研究センターの調査(『自治基本条例に関する調査報告書』2004年)が参考になります。

表3－1は、最初の「自治基本条例」である「ニセコ町まちづくり基本条例」(2000年12月22日公布、2001年4月1日施行)以降の「自治基本条例」または「まちづくり基本条例」の制定状況を、公布年月日順に並べ、かつ、それぞれの条例内容を左端の共通項目によって整理・比較したものです。全国初と言われるニセコ町の基本条例が、川崎市や逗子市での都市憲章構想を継承しつつ、21世紀における新たな分権社会とガバナンス状況に、より具体的に応答したものであることはよく知られているとおりです。

以下、この表を基にして条例の基本構造を分析してみることにします。

(1) プロトタイプ（原型）としてのニセコ町モデルとその進化型ないし変型

　現行法体系における限界ぎりぎりのところで「自治体憲法」としての自治基本条例の位置づけを追求しながら、同時に単なる理念条例にとどまらない具体的な制度設計を組み込む努力をしたニセコ町条例が、その後の基本条例制定のプロトタイプ（原型）になっています。ニセコ町モデルは、「自治・分権」の軸と「参画・協働」の軸の両方に軸足を置いています。特に、条例・規則体系における基本条例の位置づけの工夫、目的と理念、情報の共有と参画・協働、住民投票、執行機関の責務、連携と政府間関係などの条項は、それ以降に作られる基本条例が踏襲するモデルとなっています。多くが名称を「まちづくり基本条例」としているのも、そのことを裏付けているでしょう。これに対して、杉並区の基本条例は、本来の「自治基本条例」という名称を採用した最初の事例となりました。

　「まちづくり基本条例」という名称を用いているものの、ニセコ町モデルのように「自治・分権」と「参画・協働」の両方に軸足をおくと言うよりも、むしろ市民との「協働」に軸足をおいているタイプも混在しています。たとえば、宝塚市、清瀬市、伊丹市の「まちづくり基本条例」はこのタイプに属します。宝塚市の条例は、「まちづくり分野の例規の中で最大限尊重」されるべきことを条文に規定しているように、必ずしも「自治体憲法」という位置づけではありません。国法とのアナロジー（類推）で言えば、「憲法」ではなく「基本法」の位置づけに近いものでしょう。

　その意味では、「まちづくり」の定義は何か、全体として不明確な部分が多いことも特徴点の一つです。それ

表3－1　自治基本条例、まちづくり基本条例の動向

自治体名			ニセコ町(北海道)	宝塚市(兵庫県)	生野町(兵庫県)	清瀬市(東京都)
条例名			まちづくり基本条例	まちづくり基本条例	まちづくり基本条例	まちづくり基本条例
公布年月日			2000/12/22	2001/12/25	2002/3/28	2002/9/27
施行年月日			2001/4/1	2002/4/1	2002/6/1	2003/4/1
議員提案			×	×	×	×
条例の位置づけ			最大限尊重と条例等の体系化	まちづくり分野の例規で最大限尊重	最高規範性(遵守、体系化)	地方自治及び基本的人権の尊重
条例改正の手続き			施行後4年以内に見直し	×	×	市民の意見を適切に反映する措置
条例の目的と理念・原則	目的		自治の実現	まちづくり基本理念と協働原則によるまちの実現	協和の精神で町民自らによるまちづくり	地域自治の担い手である市民と行政との協働によるまちづくり
	理念・基本原則		①情報共有と権利②説明責任③参加	協働を基本とするまちづくりの4つの理念	①自律共助②情報共有③参画協働	①市民主体の参画②男女共同参画
住民の権利と責務	情報の共有		○	○	○	○
	情報の権利		○(知る権利)	○(知る権利)	○	○
	参加の権利		○	○	○	○
	個人情報の保護		○	○	○	○
	その他の特長		未成年者の参加権		自律共助、学ぶ権利	男女共同参画
	住民の責務		○(総合的視点での責任)	○(主体的取り組み)	○(人権尊重と責任)	○(参加と責任)
行政との関係	政策決定過程への参加		○	×	○	○
	住民との協働		○	○	○	○(まちづくり委員会の設置)
	コミュニティとの関係		○	○	○	○
	事業者との関係		×	×	△(まちづくり活動団体の連携)	×
住民投票制度	住民投票の規定		○	×	×	×
	住民投票の請求権		○	×	×	
	投票資格		個別条例で規定	×	×	
	投票結果の取り扱い		○	×	×	
議会の責務等(数字は条数)			×	×	③	×
執行機関の責務等	首長		○(就任時の宣誓)	○	○	△(市の責務)
	その他の執行機関		○	×	×	×
	職員機構		○	○	○	○
	総合計画、総合調整		○	○	○	△
	財政の健全化と公表		○	○	○	○
	パブリックコメント		○	×	×	○
	審議会等委員の公募		○	×	×	○
	政策評価・行政評価		○	○	○	×
	説明責任		○	○	○	○
	苦情処理・救済機関		○	×	×	×
	行政手続		○	×	×	×
	その他					まちづくり委員会の設置
連携・政府間関係			○	×	×	×
その他の特色			全国初	まちづくり分野の基本規範	コミュニティの充実	市民活動の支援

(データ) 鹿児島大学法文学部「全国条例データベース (http://joreimaster.leh.kagashima-u.ac.jp/)」た条例のうち、平成15年3月31日現在で公布されている条例を対象にし、それに北海道の行政基本条例を加

	北海道	杉並区 (東京都)	羽咋市 (石川県)	鳩山町 (埼玉県)	吉川町 (新潟県)	柏崎市 (新潟県)	伊丹市 (兵庫県)
	行政基本条例	自治基本条例	まちづくり基本条例	まちづくり基本条例	まちづくり基本条例	市民参加のまちづくり基本条例	まちづくり基本条例
	2002/10/18	2002/12/3	2002/12/26	2003/3/18	2003/3/19	2003/3/20	2003/3/27
	2002/10/18	2003/5/1	2003/4/1	2003/4/1	2003/10/1	2003/10/1	2003/10/1
	×	×	×	×	○	×	×
	規定なし（法令解釈規準）	区の最高規範として整合性を図る	最大限尊重	最大限尊重し、条例等制定改廃、制度整備に努める	最大限尊重	最大限尊重（ただし前文に「最高規範」）	最大限尊重
	施行後3年経過して検討	×	施行後4年以内に見直し	町民の意見を適切に反映する措置	施行後4年以内に見直し	必要により遅滞なく改正	×
	分権に対応した主体的道政運営の確立	区民主権に基づく自治の実現	市民と市が協力するまちづくり推進の基本事項の制定	町民主体の自治による活力ある地域社会の形成	住民自治によるまちづくり推進	自治の実現	市民自治の実現
	①信託に基づく道政②自主と協働③市町村との対等連携	①協働②情報共有と参画	①市民参加②情報共有と協働	①人権尊重②信頼関係③環境共生④地域資源⑤総合と自立	①住民が主役②責任分担と協働	①市民の幸福の実現②協働と成果の享受	①参画と協働②対等なパートナー③情報共有④熟議
				○（議会を含む）	○	○	○
	△	○（知る権利）	○	○（知る権利）	○	○	○（知る権利）
	△	○	○	○	○	○	○
	○	○	○	○	○	×	○
				環境との共生	男女共同参画、子ども参画		熟議の原則
		○（納税と協働）	○	○（積極的参加）	○（参画、責任、コミュニティ育成）	○（積極的参加）	○（参画、協働、熟議、連携）
	○	○	○	○	○	△	○
	×	×	○（地域社会団体等との協働）	○	×	×	×
	×	×	×	△（民間との役割分担）	×	×	×
	×	○（18歳以上）	×	○（町民及び議会）	×	○（市民及び議会）	×
	×	個別条例で規定	×	個別条例で規定	18歳以上の個人住民	×	個別条例で規定
	×	×	×	×	○（結果の尊重）	○（市民、議会、市長による結果の尊重）	×
	×	③	①	②	②	①	×
	○	○	○	○	○	○	△（市の責務）
	×	○	○	○	○	○	×
	○	○	○	○	○	○	○
	○	○	○	○（基本施策を条例化）	○	○	×
	○	×	×	○	○	○	×
	○	○	○	○	○	○	○
	△	○	○	○	○	○	○
	○	×	○	○	○	×	×
	外部監査	区民税の賦課徴収					
	○	○	○	○	○	×	×
	法令解釈規準	区民の満足度の向上	コミュニティ組織、NPOとの協働	町民意識調査	議員提案	「まちづくり」の定義と目標が明示	学習機会の提供

●地域のメタ・ガバナンスの基本ルールとしての自治基本条例、まちづくり基本条例

及び「条例Web (http://www.jourei.net/)」によって「自治基本条例」または「まちづくり基本条例」で検索しえて、日高が独自に代表したものである。

は広くも狭くも解釈できます。この「まちづくり」の定義と目標を条文の中で最初に明示したのは柏崎市の「市民参加のまちづくり基本条例」です。

　北海道の場合は、名称が「行政基本条例」とあるように、知事および職員機構の責務を中心とした「法令解釈規準」としての位置づけになっており、必ずしも自治基本条例とはいえませんが、新たな分権化対応の道行政独自の共通規範を打ちたてようとする意味では画期的な試みだといえます。

(2)　条例制定の提案者

　吉川町の「まちづくり基本条例」は、最初で、現調査時点では唯一の、議員提案により成立した基本条例です。伊東市の自治基本条例案も議員提案により総務委員会で一度可決されましたが、本会議では逆転否決された事例があります（伊豆新聞平成13年9月28日付および10月3日付記事）。吉川町の基本条例は、議員提案でかつ全会一致で可決成立した点で、今後の新しいモデルになりうるでしょう。

(3)　条例の位置づけと改正手続

　基本条例の「最高規範性」をより鮮明に条文に書き込んだのは、生野町と杉並区です。改正手続上の新たな工夫は「住民の意見を適切に反映する措置」という規定を盛り込んだ清瀬市と鳩山町にみることができます。しかし、これらの限界は「自治体憲法」としての自治基本条例制度を公式に裏付ける法制度の整備に待たねばならない課題でもあるでしょう。

(4) 目的、理念、基本原則——自治・分権と参画・協働

　目的、理念、基本原則の規定は、「自治・分権」と「参画・協働」を共通軸にしながらも、その軸足のウエイトの置き方や基本原則の具体的内容において、それぞれの自治体の政策課題や実情の違いを反映した多様性や独自性もみられます。たとえば、生野町では「偕和の精神」と「自律共助」が、杉並区では「区民主権」が、鳩山町では「人権尊重」が、また伊丹市では「熟議」が、それぞれ強調されています。

(5) 住民の権利——情報の共有、知る権利、プライバシー保護

　情報の開示と共有および個人情報保護は、いまや自治体運営の基盤的共通規範として認知されつつあります。鳩山町は、行政情報の共有だけでなく、議会情報の共有も条文に書き込みました。また、住民の「知る権利」を基本条例に明記したところも、ニセコ町をはじめ5市区町あります。これらは情報公開条例や個人情報保護条例の整備状況を反映するものでしょう。

(6) 住民の責務

　住民の参画と協働を実現するためには、「住民の責務」を明示しなければなりません。主体的、積極的な参加をベースとしながら、これも自治体の実情を反映して一様ではないようです。ニセコ町では「総合的視点」が、生野町では「人権尊重」が、杉並区では「納税」が、吉川町では「コミュニティ育成」が、伊丹市では「熟議と連携」が、それぞれ強調されています。たとえば、杉並区で「納税」があえて強調されるのは、「受益と負担」の均衡が重視されるという分権社会の一般的要請にとどま

らず、いわゆる「レジ袋税」（環境目的税）によるごみ減量化政策の新機軸を打ち出しているように（外川伸一『地方分権と法定外税』公人の友社、2002年、19-22頁）、分権改革における地方税制の重要性を住民に喚起する意味合いもおそらく含まれているものと推察されます。

(7) 政策決定過程への住民参画、行政との協働とインターフェイス

政策決定過程への住民参画と協働は、そもそもこれらの基本条例制定の共通目的ですから、ほぼ全ての条例で当然規定されています。むしろ、清瀬市のように、参画と協働の具体的組織としての「まちづくり委員会」の設置とその行政的支援の正当化が条例化の主要な目的になっているのではないかと推察されるものもあるほどです。

多様なセクターとの協働のインターフェイスが、一般的な「住民との協働」を超えて、どのセクターとの間で、どの程度想定されているか。この点は小著の目的に照らして最も重要な論点の一つです。もとより、「住民との協働」という文言には、一般住民の参加や協働というだけでなく、NPO等との連携・協働が含意されていることは明らかです。

それに加えて市場部門で活動する「事業者」との関係を明確に規定しているのは杉並区です。柏崎市もほぼこれに近いと思われます。生野町と鳩山町のケースも同様の含みを持っていると解釈できます。杉並区の場合、上述したとおり、「レジ袋税」などの施策の帰趨は、一般区民（消費者）の理解と協力だけでなく、事業者、特に商店主の理解と協力にかかっていますから、事業者との協働関係が強く意識されるのは当然であろうかと思われ

ます。ただ、条例全体から見れば、「事業者」を明記している条例は少数にとどまっています。

　これに対して、地域コミュニティとの関係は、11条例中の7条例（64%）で規定されています。これは市町村特有の傾向だと考えられます。特に、町は4町すべてで該当しています。大都市圏に位置する宝塚市を除けば、羽咋市と柏崎市は地方都市圏にあります。ガバナンス編制にあたって地域コミュニティとの関係が特に重視されているのは、比較的地方圏に多いといえるでしょう。

　以上のような多様性は、それぞれの地域社会の課題状況とガバナンス状況の違いを反映したものだと考えられます。

(8) 住民投票

　自治法の不備を補う住民投票規定を設ける点も基本条例化の主要な目的の一つです。清瀬市を除くすべての条例で住民投票の規定が置かれています。地域課題の中には、現行自治法の想定する代表民主制（二元代表制）の枠組みだけでは決着の困難な課題が少なくないこと。また、公職選挙法に基づく「有権者」の定義も、多様な地域課題を議論し、その決定に参加するには硬直的に過ぎる面が少なくないこと。こうした実情を反映して、住民投票制度の基本条例化が試みられていますが、その内容は自治体によって一様でないようです。単に住民投票ができるとするものから、独自の工夫を施すところまで多彩です。

　住民投票の請求権を杉並区は18歳以上の住民としています。鳩山町と柏崎市ではあえて議会に言及しました。また、投票資格の規定を設けた場合の多くは「個別条例で規定」としていますが、吉川町は「18歳以上の個人住

民」としています。さらに、投票結果の取り扱いについて、ニセコ町、吉川町、柏崎市が規定を設けています。柏崎市は「市民、議会、市長による結果の尊重」を謳いました。原発などの難しい要因をかかえる地域ならではの工夫といえるかもしれません。ちなみに、柏崎市の条例では、宝塚市と同様、住民投票ではなく「市民投票」という用語が採用されています。

(9) **議会の責務**

　議会の責務等について言及があるのは、6条例です。ニセコ町では見送られていたので、生野町の条例が最初の事例ということになります。公布年月日順に見れば、北海道までの前半で5条例中1条例（20％）、後半で6条例中5条例（83％）となっていますので、首長サイドの行政条例から議会もコミットする政府条例へと変化しつつあるのが最近の傾向だといえます。

(10) **執行機関等の責務**

　執行機関等の責務については、全般に詳細な規定が多いようです。

　首長の責務は、清瀬市と伊丹市を除いて、すべてで規定されています。その他の執行機関の責務を規定しているのは5条例に過ぎません。一方、職員機構の規定は、首長と同様、清瀬市と伊丹市を除いてすべてで該当します。これは基本条例制定の大きなねらいの一つに、職員機構の改革（行政システムと職員意識の改革）があることをうかがわせるものでしょう。

　同時に、理念宣言型の「都市憲章」の制定の時代と異なり、政策（計画や予算）の立案、実施、評価の各段階における住民参加、総合調整、政策（行政）評価と説明

責任、行政手続、苦情処理・救済など各種の制度的手立てが整備された現実を反映するものでもあると思います。

(11) **連携と政府間関係**

　行政区域の内部だけでなく、よりグローバルな視点で様々な連携を志向していくというスタンスと、国や府県および他の市町村との政府間関係を形成していくという立場を共有していることも、基本条例化の特徴点の一つに挙げることができます。とりわけ、「参画・協働」重視の条例に比べると、「自治・分権」志向の強い条例ほどその傾向が強くうかがわれます。

　以上の現状分析から明らかなように、「自治基本条例」の制定は、ニセコ町モデルを原型（プロトタイプ）として、それに各自治体の独自性を考慮して加除しながら、徐々に広まりつつある段階にあるようです。
　その特徴は、現行法の制約の下でも「自治体の憲法」を志向するものが多いこと、「自治・分権」と「参加・協働」をキーワードにしていること、そのための具体的な制度規定を有していること、などに求めることができます。それぞれの地域社会の基本ルールを定め、住民や団体（各セクター）とのインターフェイスを制度化することが、この「基本条例」制定の目的であることが確認できます。
　以上のように、現行の「自治基本条例」「まちづくり基本条例」には、①地域ガバナンスの基本原則となる共通ルール、②参加と協働の基盤となる情報の共有の原則、③政治、行政、市民の間の責任配分の考え方、④政策（行政）評価や苦情処理、住民投票などの新しい政治・行政

責任のしくみ、等々についての規定が含まれています。これらは、先に紹介したジェソップのいうメタ・ガバナンスの代表機能とも非常に類似した要素を含んでいます。したがって、こうした条例制定は、メタ・ガバナンスの制度化をめざす最も重要な手段になる可能性を持っている、と結論づけることができます。

④ これから基本条例を検討・制定する自治体のためのいくつかのヒント

　制定過程が公表されているいくつかの条例についてHPで垣間見た限りでは、視察、講演会、シンポジウム、ワークショップ、インターネットなどを通じて頻繁に自治体間の情報交換（相互参照）が行われています。しかし、そうした「相互参照」は、いわゆる「バスに乗り遅れるな」式の「横並び競争」とはまったく異質のものです。それだけに、基本条例を必要とするそれぞれの自治体の多様な「内生条件」に沿った、それなりの独自色の強い内容や形式になっているのではないかという感じがします。

　地域のガバナンス状況は一様ではありませんし、それらによって解決すべき地域課題も一様ではありません。したがって、基本条例制定に当たっても、最優先で行うべきことは、地域社会のガバナンス状況の現状分析を行うことです。その上で、問題点と課題を明確にし、それらを解決するための基本的な枠組みとしてのガバナンス再編成のあり方を議論すべきです。その中から、基本条例にいかなる制度設計を組み込むべきかを決めるべきです。言い換えれば、「何のための基本条例か」を明確にする作業過程を組み込むことが、エレガントな条例を作文するよりも、はるかに重要です。

(1) 何のための自治基本条例か？

　まず何よりも、「何のための自治基本条例か」ということ、そこを見極めていく必要があります。現状分析をしてみると、基本条例制定の目的は、決して一つではな

いのではないという印象を受けます。さまざまな意図やねらいが置かれていて、そのようなものの複合体として条例が表現されているのだろう。ですから、目的のないところに形だけを作ろうとしても、あまり意味のない話なのではないかと思われます。

　一般論として考えられる制定の意図や目的を羅列してみると、次のようなものが想定できます。

① 法制度改革のため分権改革戦略の一環
② 住民自治・協働の基本ルール化
③ ガバナンスの担い手の責務、役割分担の明確化
④ 参加型・協働型行政の標準を明示化
⑤ 政策標準ないし優先順位の明確化
⑥ 政策体系・縦割り行政の総合化
⑦ 行政のパラダイム転換の明確化
⑧ 地方議会の復権・活性化の戦略
⑨ 実体的な個別制度の充実、補強、誘導
⑩ 地域資源の統合による生き残り

　①、②は理念的な目的で、地方分権論者の学者や研究者たちが期待している基本条例制定のねらいや意図には、法律―条例関係の分権的逆転を図り、「地方自治基本法」を制定するための先導戦略と位置づけるものがあります。現在の地方自治法のあまりにも画一的で細部にわたる規制を分権時代にふさわしく転換して、「地方自治基本法」を作っていく必要があるということをずっと議論してきたわけです。そのような戦略の一環として、地方側から先導的に条例を作っていくことによって法改正を目指すという、分権改革戦略の意図がそこには含まれています。「ニセコ町まちづくり基本条例」や北海道

の「行政基本条例」には、こうした意図が読み取れます。だからこそ、ニセコ町モデルはプロトタイプに値するといえるのではないでしょうか。

　また、もう一つの軸である「住民自治・協働」にはこれまで基本ルールがないわけです。それを市政運営の基本原則にする。そのためには、その拠り所となる明確な法規範が必要になります。ですから、この①、②は、最も基本的な意図、ねらいだと思われます。

　しかし、こうした理念的な意図や目的だけで条例制定が行われることは、実際にはまれではないでしょうか。

　たとえば、これらの条例の中に、職員機構についての規定をかなり細かく作っているところがあります。これは市民サイドや議会サイドから協働とか市民参加の要請が出てきても、なかなか職員機構が動かない、という現実問題があります。そのために、職員を協働の視点でどう動かすかというときに、最も拘束的な手段が条例化ということになります。行政に対しても、「協働型行政が標準なのだよ」ということを明示するという役割を担っている面も、大いにあると思います。

　また、市民に対しても、これからのまちづくりは、市民自治や協働を基本ルールとしますということを対外的に宣言するという意味もあるでしょう。そこには、行政要求型の市民要望だけではなくて、ガバナンスの主体としての市民に対しても「責務」を求める、そのより所となる規範にするという意図です。

　③、④のようなガバナンスの担い手の「責務」とか行政に対して標準を明示するといったような目的です。「宝塚市まちづくり基本条例」などは、こうした意図に重きがあるように思われます。

　⑤、⑥は、政策体系の運営を行っていくうえで、総合

計画による政策調整や行政部門間の総合調整が大きな行政課題になっていることを反映したものでしょう。行政評価システムなどの明確化もそうした課題を反映したものです。

⑦の行政のパラダイム転換。分権時代の行政運営は、市民参画と市民協働の基本原則に則っていくべきである。そのようなパラダイムの転換を明確化する手段として、基本条例を制定するという意図もあるでしょう。柏崎市や羽咋市の条例にはこうした意図が強く感じられます。

それから逆に、⑧の地方議会の復権や活性化の戦略として、基本条例制定において議会がイニシアティブを執ろうとする意図もあるでしょう。多摩市の市議会の取り組みなどは、市長サイド主導で市民を巻き込んだ自治基本条例制定運動に対する、議会サイドの危機感に端を発しているものだと思われます。議会サイドから責任を持った提案をしていこうといったような話です。執行部と議会とが、互いの緊張関係を保ちながら議論をしていく土俵にもなるでしょう。こうした意図を実現して条例化にこぎつけた事例が吉川町のケースです。

⑨のように苦情処理制度やパブリック・コメント、住民投票制度などの実体的な個別制度を充実したり、誘導したりするための基本となるフレームとして基本条例が制定される面もあります。

⑩の地域の生き残り戦略の一環として基本条例制定を位置づけていると思われる事例の典型は吉川町です。議会主導で町民をまき込み執行部の協力を得ながらまちづくり基本条例の制度にこぎつけた背景は何だったのでしょうか。市町村合併の中で、いかに地域の生き残りを図るか、という要因を無視してこれを理解することは不可

能なのではなかろうか、と私は思っています。

　このように、基本条例制定といっても、そこにはそれぞれの自治体の様々な意図やねらいというものがあるわけであります。ですから、そのあたりの「何のために条例を作るのか」ということが明確にならなければ、形だけ整えても何の役にも立たないのだろうと思います。目的を明確化して、各自治体で基本条例を作る固有の意義は一体どこにあるのかということを鮮明にしていだたくような議論を、ぜひ期待したいと思っています。

　以上のような一般論を踏まえながら、ヒヤリングなどで得た知見や感触をもとにして、具体的な自治体の基本条例制定の（必ずしも公称だけではない）意図やねらいについて、私の解釈も付け加えながら検討してみたいと思います。以下では、石川県羽咋市のまちづくり基本条例を取り上げます。一般にはあまり知られていないかもしれませんが、地域特性を生かした非常に個性のある条例で、しかも条例化の意図やねらいもしっかりした事例の一つだと思います。

(2)　石川県羽咋市の事例

　羽咋市は、能登半島の基部西側に位置する人口２万５千人余の小都市です。JR金沢駅から七尾線の羽咋駅まで特急電車でわずか30分程度のところにあります。

　羽咋市まちづくり基本条例は、2002（平成14）年12月26日に公布され、翌2003年４月１日から施行されています。目次は次のとおりです。

　　前文
　　１．条例の目的
　　２．用語の定義
　　３．まちづくりの原則

4．情報公開の義務
5．個人情報の保護
6．説明責任
7．地域社会団体等との協働
8．広域連携の推進
9．市民の権利と責務
10．市長の役割と責務
11．職員の責務
12．議会の役割
13．総合計画等の策定と進行管理
14．財政の運営と公表
15．行政評価
16．行政手続
17．市民からの事前提言
18．会議公開の原則
19．委員の公募
20．住民投票
21．条例の位置付け
22．条例の見直し

附則

　目的を定めた第1条は、「この条例は、本市のまちづくりに関して、市民と市がそれぞれの役割や責任を自覚し、互いに協力してまちづくりを進めるための基本的な事項を定めることを目的とする。」と規定しました。その意図について、本吉達也市長はこう述べています。「具体的には、市民が『要望団体』あるいは『陳情団体』から脱却し、いわゆる『政策市民』として重要課題については極力政策形成の最初の段階からかかわったほうがよいと考えます。あたりまえなことをいうようですが、限られた財源をできるかぎり市民の利益になるように施策

に反映すべきだと思うからです。今後、さらに分権が進み、自分たちの責任でまちづくりをしていかなければならない状況になってくるわけですから、あらためて市民、議会、市長、市職員の役割とかかわりについて議論し自治基本条例に明記しておくことが大切だと思います。」（大滝精一監修『自治体経営革命——地方から考える市民の責任・首長の使命』メタモル出版2003年、pp. 53-4）

　羽咋市の基本条例は、「自治の実現」を目的に掲げた先行のニセコ町条例を研究していることは当然ですが、そのねらいからみるとむしろ、「市民と市の協働のまちづくりを推進するための基本的な原則」を定めることを目的に2001（平成13）年12月25日に公布され、2002年4月1日から施行された「宝塚市まちづくり基本条例」をモデルとしている面の方が強いと思われます。先に示したような「ガバナンスの担い手の責務、役割分担の明確化」や「参加型・協働型行政の標準を明示化」といった条例制定の主なねらいが、宝塚市のそれと共通していたからでしょう。

　しかし、宝塚市の条例を単にコピーして使っているわけではまったくありません。本吉市長もいっているように、他の自治体の「条例を焼き直し、お手軽に羽咋市バージョンを作ってもなんの意味もありません。」（同上書p. 56）

　では、どんな点に羽咋市の独自性が表現されているのでしょうか。細かくみれば多くの違いがありますが、大きな特徴を2点だけ指摘してみたいと思います。

　第1に、羽咋市の条例では、「地域社会団体等との協働」に非常に大きなウエイトが置かれています。その条例第7条では「市は、地域のまちづくり活動に寄与する

地域社会団体や公共性の高い営利を目的としない民間団体等と協働してまちづくりにあたるものとする。」と規定しています。この規定についての解説はこう説明しています。「ここでいう『地域社会団体』とは、一般的に『コミュニティ組織』と言われています。本市にあっては、コミュニティ組織の最小単位は町会であり、大きくは学校区単位で各種団体の参加する地域組織などが考えられます。この他、準コミュニティ組織として子供会やPTA、老人会、婦人会などの団体が考えられます。これからは、これらの諸団体の参加も得て住民が地域の諸課題を自主的に解決し、政策の提言まで行えるようになる（仮称）『地区まちづくり協議会』のような組織が望まれます。」（羽咋市HP http://www.city.hakui.ishikawa.jp/topjp/）

「コミュニティ組織」を意味する「地域社会団体」という独自の用語は、他に「協働」「行政評価」「市民からの事前提言」（パブリック・コメントのこと）とあわせて、条例第2条（用語の定義）のなかでまとめて説明されています。カタカナ語（コミュニティやパブリック・コメントなど）はわかりにくいという住民の指摘を受けて、できるだけわかりやすい自前の言葉を工夫しようということで作った用語だということです。

なぜ、協働型行政を展望する羽咋市の条例に、こうした「地域社会団体」の規定が入ったのか。これはまさしく地域社会の特性を踏まえなければ、その意味を十分理解することはできないでしょう。

羽咋市は、1960（昭和35）年に10町村が合併して誕生しました。旧町村にはそれぞれ小学校がありましたが、現在では小学校自体は統廃合されました。しかし、「区域」はそれを踏襲していて、いまでも旧10町村の区域を

「小学校区」とよんでいます。そこに1か所ずつ「公民館」があります。そして、全部で65の町会（単位自治会）があり、各小学校区には地区町会長会があり、さらにそれらを統合した全市的な町会連合会があります。この町会やその連合組織は、市広報の各戸配布などの行政情報伝達網としてばかりではなく、河川や道路の清掃、除雪作業、道路補修や減反割当などの幅広い分野や業務において、市行政と密接な関係にあります。たとえば、市道の整備には地元負担金があります。地元町会が費用分担をしていますから、町会長の同意が得られなければ、道路補修なども勝手にやれないのが実情です。「町会の協力が得られないと市行政は機能しなくなる。」これが羽咋市の地域社会の実態です。

　ところが、その一方で羽咋市は、必ずしも町会やその連合組織との伝統的関係にこだわらない、市民、NPOなどとの新しい協働関係の創出を意図しています。伝統的な関係を踏襲しながら、同時に新しい関係の創出に挑戦するのは、現実問題として困難も少なくないようです。モデル地区で「まちづくり協議会」運動なども始まっていますが、市全体に普及するまでには至っていません。これからの課題です。それだけに、住民に対する市政の基本スタンス（行政パラダイム転換）を明確に示す必要に強く迫られていました。これが羽咋市でまちづくり基本条例が必要とされた理由の一端だと、私は理解しました。

　羽咋市の条例の第2の特徴は、ニセコ町や宝塚市でさえできなかった「議会の役割」を書き込んだことです。条例第12条は、「議会は、市民の負託に応え市民福祉の向上をめざし、この条例の理念を実現するため市民参加のまちづくりを推進する役割を担うものとする。」と規

定しました。基本条例に「議会条項」を入れたのは、羽咋市以前に公布されたものでは、兵庫県の「生野町まちづくり基本条例」（2002年3月26日公布）と東京都「杉並区自治基本条例」（2002年12月3日公布）の二つだけです。市では羽咋市が最初です。

たしかに、杉並区や後に議員提案で制定する吉川町のそれにくらべると、羽咋市の「議会の役割」の内容は、穏健というか、悪くいえば「毒にも薬にもならない」ものです。「大したことはないなあ」といった感じでしょう。

しかし、それを地域政治のコンテキストにおいて眺めてみると、なかなかどうして立派な含意が読み取れる気がします。

誰も当選するとは思っていなかった劇的な逆転勝利で誕生した1期目の本吉市政は、非常に厳しい議会環境（2：16の絶対少数）で出発しました。しかし、その後の市議会議員選挙を通して、2期目の現在では市長派（「与党」）が多数になりました。まちづくり基本条例の制定は、本吉市長の2期目の公約（2000年9月）として検討課題に上ったものです。2期目の市長選挙は無風でした。しかし、平成16（2004）年10月に予定される市長選挙は、本吉市長が3期目をめざして出馬すれば必ず選挙になるだろう、というのがこれまでの経験から割り出される地元の人たちの見方です。こうした政治情勢の中で、多数派の「与党」も次期選挙をにらんだいろいろな動きがあり「与野党」が拮抗する状態になっているともいわれています。本吉市政の議会環境は決して順風満帆とはいえません。

そうした政治環境の中で、本吉市政は、上に述べたような理念と方法により、市民と市行政との協働関係を一

層強めようとしているわけです。行政と市民が直結した市民参加・市民協働方式をこれから強力に推し進めようとしています。こうした文脈において、先の「議会の役割」を読み直してみると、行政が進める市民参加に対して、議会も同調し「推進」さえしますよ、というお墨付きをとったということになるのではないでしょうか。ちなみに、第12条関連では、委員会でも本会議でも、議員の質問はまったくなかったそうです。そしてこの条例は全会一致で可決成立しました。

　羽咋市まちづくり条例は、地域社会におけるガバナンスの特性を十分に考慮した上で、協働型行政への「行政パラダイムの転換」を市民や議会に共有してもらうことに大きなねらいがあったと思われます。見栄えや形に拘泥しない自前のガバナンス編制の基本ルールの制定をめざそうとするところに、私は大いに共感しました。

　これから条例化を検討している自治体の市民、首長や議員、職員のみなさんも、まちづくり基本条例の制定に込められた固有の意図やねらいを十分に汲み取りながら、さてそこで自分たちは「何のために自治基本条例、まちづくり基本条例を作りたいのか」、熟議を尽くされるようお願いします。

(3)　**自治基本条例は「氷山の一角」**
　「氷山の一角」というと何か悪いもののたとえのように聞こえるかもしれませんが、広辞苑によれば「明るみに出た、物事全体のほんのわずかな部分のたとえ。」という意味だそうです。必ずしも悪事に限定して使わなくてもよさそうです。

　自治基本条例、まちづくり基本条例というのは、自治体改革の課題全体のピラミッド構造の中で、その頂点に

位置するものだと思います。「頂点」だけあるようにみえて、実は中身がない。空洞化の状態だ。というと、それはすぐ崩れてしまうわけです。「砂上の楼閣」ですね。

　自治基本条例に対応した個別の制度やシステムをどんどん充実させていかなければいけない。あるいは逆に、個別制度・システム・運営の充実の集大成として自治基本条例がある。そのような自治体改革の戦略の頂点に基本条例を位置づけていくべきものではないでしょうか。

　ニセコ町まちづくり条例が、「知る権利」と「情報の共有化」をめざしたユニークな情報公開条例や住民にとってわかりやすい予算説明書（「もっと知りたいことしの仕事」）の全戸配布などの個別制度・システム・運営と密接不可分の関係にあることは、よく知られていることです。

　先に紹介した羽咋市の場合も、図4－1に示すような自治体経営戦略の一環として「まちづくり基本条例」が位置づけられています。

図4－1　広報はくい2003年6月号特集
　　　　「自治体経営戦略・第2章」

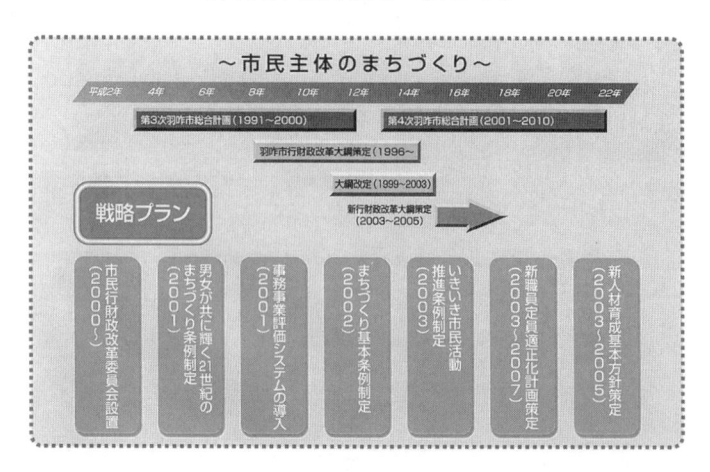

冒頭でも申し上げたように、地域のあるべき姿、地域のガバナンス編制の基本設計を、その地域社会にどう作り上げていくのか、それぞれの地域にどのような長所や短所があるのか。これらをつぶさに分析をする。その上で、基本条例の中にどんな項目を盛り込んでいけばよいか、それらを個別制度としてどう充実させていく必要があるのか。こうした具体的、個別的な検討を、市民、首長、議員、職員が熟議していくことが必要だろうと思います。自治基本条例は、良い意味で「氷山の一角」でなければなりません。

　研究者などの一部には、「モデル自治基本条例」の提案を検討しているといった話も漏れ伺っていますが、もしそれが本当だとすれば、そもそもそんな「モデル」がなぜ必要なのか。私はたいへん疑問に感じます。

5 今後の検討課題

(1) 政策終結、行政撤退の基本ルール

　最後に今後の検討課題ということです。「公共空間の再編」とか「ガバナンスの再編成」というのは、現実問題として公共政策の転換や行政のパラダイム転換を伴います。それは単なる理念の転換にとどまらず、個別具体の施策、事業、業務、予算、組織、機能などの抜本的な再編成を伴わざるを得ないわけです。

　たとえば、中央集権的な性格が依然として色濃く残っている教育分野でも、少子高齢社会のもとで分権化と「構造改革」の影響は免れなくなっています。少子化に伴う小学校区の再編、学区の弾力化、学校選択制、コミュニティ・スクールの設置や株式会社による学校経営特区の容認など、地域における学校教育システムが揺らいでいます。学校の安全性を脅かすような事件や事故も生じています。また、児童生徒数の減少による「空き教室」（余裕教室）などを地域資源とした多様な地域ニーズを満たす取り組みも行われています。その一方で、生涯学習の時代には学校教育と社会教育との境界もかつてのように明確ではありません。こうした混沌とした状況の中で、私たちは地域の学習・教育システムをどのように再編成していくべきなのか。国と自治体、府県の教育委員会と市町村教育委員会、教育委員会と学校、学校における校長と教職員、学校と児童生徒・保護者、塾や予備校、学校と地域コミュニティ、ボランティア活動、NPOなどとの関係、企業や事業所のかかわり、などそれぞれの地域の実態に応じたガバナンス編制が問われています。

こうした中で、学区の再編や学校統廃合などの政策転換や行政の再編成も避けて通れない検討課題になります。学校統廃合によって廃校になる学校関係者や地域住民にとっては、政策終結であり行政撤退につながることになります。

この政策終結や行政撤退は、第三セクターや外郭団体の統廃合なども含めて、あらゆる政策分野や行政事業で今後ますます増えていく可能性があります。にもかかわらず、こうした事態に対処する基本ルールやシステムは十分に整備されていません。北海道の「時のアセス」や、最近では長野県の「県出資等外郭団体の総点検指針」や「見直し専門員会」の設置のように、関係者全体が「公正な負担の再配分」を行っていける透明な基本ルールやシステムを整備していく必要があります。

市民の参加や協働が「公正な負担の配分」にいかにコミットすることができるのか。そこがいま問われています。

その政治的前提として欠かせないことは、こうした抜本改革に民主的正統性を与え、政治責任を明確にするための「マニフェスト」による公職選挙の定着だと思います。

(2) コミュニティ部門、特に自治会、町内会等とのインターフェイスのあり方

もう一つは、コミュニティ部門です。この小著でも特に詳しく申し上げましたように、自治会・町内会とのインターフェイスの在り方。地方と大都市を問わず、もう一度きちんと考え直す時期にあるのではないかと思います。地方における自治会・町内会と市町村との関係は、分権時代にもかかわらず、事実上の「機関委任事務」の

関係が継続されている面が多いのです。これでいいのだろうか。地域社会のガバナンスのあり方を検討していく上で、これは避けて通れないのではないだろうかということです。

　福岡市における「コミュニティの自律経営」とその具体化の一環として取り組まれている「町世話人制度」の廃止などの事例は、今後の推移に大いに注目されます。

(3)　警察システムのあり方の再検討——不法投棄、不法駐車、迷惑行為

　法律の改正とも絡んできますけれども、地域の中で、ごみの不法投棄や迷惑駐車、ストーカー行為やDVなどの身近な迷惑・不法行為が多発して、深刻な問題になっています。警察官の増員なども行われていますが、もっと抜本的な警察システムの改革も検討課題にしていなかければならないように思われます。

　千代田区が路上喫煙に過料を科す生活環境整備条例を制定して話題になっています。今後、同様の規制条例制定の試みが、いろいろな分野に広がる可能性が高いと思われます。いわゆる「ブロークン・ウィンドウズ」理論にみられるような初期対策、予防対策が効果的ではないかという思いが共有されている面もあると思います。が、もともと行政部門は、法律や条例により法的に授権された正当な強制力行使の可能性を駆使することで、公平・平等という理念の実現を図ろうとするところに、その最大の特性があるわけです。それが政府以外の部門にはみられない固有の権能であるわけです。したがって、その強制力の正当な行使が、他のセクターによる多様なガバナンス編制とは次元を異にする、特別な意味を内在していることもまた明らかだろうと思われます。

こうした事情は基本的には基礎自治体でも同様です。というよりも、分権改革によって、それまで制約条件の多かった市町村においても、正当な強制力行使の可能性を駆使できる条件はより整備されつつあります。法律の単なる施行条例にとどまらず、独自の自治立法権の考え方に立つ条例・規則等の制定や政策法務組織の整備など、新たな動向が基礎自治体に見られるようになっているのです。

　他のセクターにない特性を有し固有の法的権能を行使できる基礎自治体が、ローカル・ガバナンス編制において、地域社会で共有すべき公共ルールの制定者・維持者としての固有の役割を演じ続けなければならないことは当然だといえましょう。

　しかし、その実効性を担保する「警察」権は、現行制度では基本的に都道府県警察に集中するシステムになっています。犯罪や不法行為、迷惑行為の国際化と地域化という二つのベクトルの間で、いま警察制度も揺れ動いているように思われます。

(4) コミュニティ・レベルにおける裁判機能のあり方
　　　――ティーンコート等のマイナーコートの可能性

　自治基本条例が自治体の「憲法」だとすれば、国権には三権、立法権・行政権・司法権というのがあるわけですけれども、自治体レベルでは「司法権」について権限がありません。日本の場合には、憲法上、司法分野というのは自治体では担えないということになっています。アメリカの州の中には、コミュニティ・レベルで、特に青少年の喫煙や軽度の非行行為について、ティーンコートように、子どもたち自身が教育的裁判を通して非行問題を自立的に解決しようとする、マイナーコートの制度

をもつところもあるそうです（山口直也編著『ティーンコート——少年が少年を立ち直らせる裁判』現代人文社1999年）。

　司法への市民参加システムとして「裁判員制度」が制度化されますが、地域の実態に即した司法制度の多様化も今後の検討課題の一つではないでしょうか。

6 おわりに

　実践的創造を悦びと感じる人たちにとって、これからの基礎自治体の政治行政はいよいよ面白くなるだろうと思います。正直な話、私のようなこれといってとりえのない研究者でさえも、どこか基礎自治体のマネジメントを一度体験してみたいという想いにかられることが、ないわけではありません。

　たしかに、基礎自治体がおかれている今日の状況は決して順風とはいえません。それどころかむしろ、深刻化する財政危機と市町村合併によるリシャッフリングによって、半世紀に１度あるかないかの乱気流の中での操縦を余儀なくされています。判断を一歩誤れば、ダッチロールや墜落の危険だってないとはいえません。そのうえ、統治制度も、その不可欠の要素としての地方自治制度も、改革の行き着く最終到着地がどこなのか、誰の目にもはっきりと確認できているわけではありません。考えようによっては、不確実性の嵐と四面楚歌の最悪の状況にあるともいえます。

　しかし、こうした最悪に思える状況こそ、間違いなく抜本的な改革・刷新のチャンスでもあります。米国カリフォルニア州知事になったシュワルツェネッガーがどんな成果を挙げるかはわかりませんが、私たちの未来のために現在を変える意志をもった「ターミネーター２」がいまほど日本の基礎自治体に必要とされているときはないのではないかと思います。ただ、ターミネーターは一人で敵に立ち向かいましたが、私たちは「色とりどりの花束」のような「一人ひとり違う種を持つ」大勢の仲間

に囲まれています。

　なお、本稿は、2003年7月27日、自治体議会政策学会第Ⅴ期自治政策講座において「住民主権への動き――自治基本条例を中心に――」と題して行った講演を骨格に組み立てられていますが、その後、ヒヤリング調査などの成果も加えて大幅に加筆、改題したものです。直接間接にヒヤリング調査にご協力いただいた羽咋市政策企画室長今井和秀氏、柏崎市企画政策課長北原惠氏、同課長補佐伊藤学氏、吉川町町会議員橋爪法一氏の各位に、この場をお借りしてこころから御礼申し上げます。

●著者紹介

日高昭夫（ひだかあきお）

1952年宮崎県生まれ
中央大学大学院法学研究科博士課程前期課程修了（法学修士）
山梨学院大学法学部教授（政治行政学科長）、同大学院社会科学研究科（公共政策専攻）教授
山梨学院大学ローカル・ガバナンス研究センター顧問
日本行政学会理事、ローカル・ガバナンス学会運営委員

山梨県経済財政会議委員（行政改革専門部会長）、笛吹市行政改革推進委員会会長、松戸市協働のまちづくり協議会会長など自治体の各種審議会等委員
総務省自治大学校、全国市町村国際文化研修所、自治体女性管理者フォーラム、自治体議会政策学会などの自治体職員・議員研修講師

●最近の主な論説・著書

「山梨の建設業と県財政との関係に関する一考察」山梨学院大学大学院『社会科学研究』28号、2008年2月
「市町村と地域自治会との『協働』関係の諸類型についての一考察——ローカル・ガバナンス制御の視点から」山梨学院大学『法学論集』59号、2007年
「ローカル・ガバナンスと行政手法の転換」『実践自治 Beacon Authority』（イマジン出版）2006年Vol.25-28連載
「協働型行政をめぐる課題——『対等性』の検討を中心に」『地方自治職員研修』2006年11月号
「『下請機関』から第三層の地方政府へ——変貌するか、自治会・町内会」『ガバナンス』2004年4月号
『地域のメタ・ガバナンスと基礎自治体の使命』イマジン出版、2004年
『市町村と地域自治会——「第三層の政府」のガバナンス』山梨ふるさと文庫、2003年
『ローカル・ガバナンスと政策手法』イマジン出版、2002年
『自治体職員と考える政策研究——分権時代の新しい政治行政作法』ぎょうせい、2000年

コパ・ブックス発刊にあたって

　いま、どれだけの日本人が良識をもっているのであろうか。日本の国の運営に責任のある政治家の世界をみると、新聞などでは、しばしば良識のかけらもないような政治家の行動が報道されている。こうした政治家が選挙で確実に落選するというのであれば、まだしも救いはある。しかし、むしろ、このような政治家こそ選挙に強いというのが現実のようである。要するに、有権者である国民も良識をもっているとは言い難い。

　行政の世界をみても、真面目に仕事に従事している行政マンが多いとしても、そのほとんどはマニュアル通りに仕事をしているだけなのではないかと感じられる。何のために仕事をしているのか、誰のためなのか、その仕事が税金をつかってする必要があるのか、もっと別の方法で合理的にできないのか、等々を考え、仕事の仕方を改良しながら仕事をしている行政マンはほとんどいないのではなかろうか。これでは、とても良識をもっているとはいえまい。

　行政の顧客である国民も、何か困った事態が発生すると、行政にその責任を押しつけ解決を迫る傾向が強い。たとえば、洪水多発地域だと分かっている場所に家を建てても、現実に水がつけば、行政の怠慢ということで救済を訴えるのが普通である。これで、良識があるといえるのであろうか。

　この結果、行政は国民の生活全般に干渉しなければならなくなり、そのために法外な借財を抱えるようになっているが、国民は、国や地方自治体がどれだけ借財を重ねても全くといってよいほど無頓着である。政治家や行政マンもこうした国民に注意を喚起するという行動はほとんどしていない。これでは、日本の将来はないというべきである。

　日本が健全な国に立ち返るためには、政治家や行政マンが、さらには、国民が良識ある行動をしなければならない。良識ある行動、すなわち、優れた見識のもとに健全な判断をしていくことが必要である。良識を身につけるためには、状況に応じて理性ある討論をし、お互いに理性で納得していくことが基本となろう。

　自治体議会政策学会はこのような認識のもとに、理性ある討論の素材を提供しようと考え、今回、コパ・ブックスのシリーズを刊行することにした。コパ（COPA）とは自治体議会政策学会の英語表記Councilors' Organization for Policy Argumentの略称である。

　良識を涵養するにあたって、このコパ・ブックスを役立ててもらえれば幸いである。

自治体議会政策学会　会長　竹下　譲

COPABOOKS
自治体議会政策学会叢書
地域のメタ・ガバナンスと基礎自治体の使命
－自治基本条例・まちづくり基本条例の読み方－

発行日	2004年4月2日	第1刷発行
	2008年1月21日	第3刷発行
著 者	日高 昭夫	
監 修	自治体議会政策学会Ⓒ	
発行人	片岡 幸三	
印刷所	今井印刷株式会社	
発行所	イマジン出版株式会社	

〒112-0013　東京都文京区音羽1-5-8
電話 03-3942-2520　Fax 03-3942-2623
http//www.imagine-j.co.jp

ISBN978-4-87299-353-0 C2031 ¥900E
落丁・乱丁の場合は小社にてお取替えします。

イマジン出版
http://www.imagine-j.co.jp/

COPA BOOKS
自治体議会政策学会叢書

地域自立の産業政策
—地方発ベンチャー・カムイの挑戦—
小磯修二(釧路公立大学教授・地域経済研究センター長)著
□A5判／120頁　定価1,050円(税込)

いいまちづくりが防災の基本
—防災列島日本でめざすは"花鳥風月のまちづくり"—
片寄俊秀(大阪人間科学大学教授)著
□A5判／88頁　定価1,050円(税込)

地域のメタ・ガバナンスと基礎自治体の使命
—自治基本条例・まちづくり基本条例の読み方 —
日高昭夫(山梨学院大学教授)著
□A5判／100頁　定価945円(税込)

まちづくりと新しい市民参加
—ドイツのプラーヌンクスツェレの手法—
篠藤明徳(別府大学教授)著
□A5判／110頁　定価1,050円(税込)

自治体の入札改革
—政策入札—価格基準から社会的価値基準へ—
武藤博己(法政大学教授)著
□A5判／136頁　定価1,260円(税込)

犯罪に強いまちづくりの理論と実践
—地域安全マップの正しいつくり方 —
小宮信夫(立正大学教授)著
□A5判／70頁　定価945円(税込)

増補版 自治を担う議会改革
—住民と歩む協働型議会の実現—
江藤俊昭(山梨学院大学教授)著
□A5判／164頁　定価1,575円(税込)

地域防災・減災 自治体の役割
—岩手山噴火危機を事例に—
斎藤徳美(岩手大学副学長)著
□A5判／100頁　定価1,050円(税込)

自治体と男女共同参画
—政策と課題—
辻村みよ子(東北大学大学院教授)著
□A5判／120頁　定価1,260円(税込)

政策法務のレッスン
—戦略的条例づくりをめざして—
松下啓一(大阪国際大学教授)著
□A5判／108頁　定価945円(税込)

自治体法務の最前線
—現場からはじめる分権自治—
提中富和著
□A5判／128頁　定価1,365円(税込)

インターネットで自治体改革
—市民にやさしい情報政策—
小林隆(東海大学准教授)著
□A5判／126頁　定価1,260円(税込)

ローカル・マニフェスト
—政治への信頼回復をめざして—
四日市大学地域政策研究所(ローカル・マニフェスト研究会)著
□A5判／88頁　定価945円(税込)

ペイオフと自治体財政
大竹慎一(ファンドマネージャー)著
□A5判／70頁　定価945円(税込)

自治体の立法府としての議会
後藤仁(神奈川大学教授)著
□A5判／88頁　定価945円(税込)

自治体議員の新しいアイデンティティ
—持続可能な政治と社会的共通資本としての自治体議会—
住沢博紀(日本女子大学教授)著
□A5判／90頁　定価945円(税込)

ローカル・ガバナンスと政策手法
日高昭夫(山梨学院大学教授)著
□A5判／60頁　定価945円(税込)

分権時代の政策づくりと行政責任
佐々木信夫(中央大学教授)著
□A5判／80頁　定価945円(税込)

●ご注文お問い合せは●

イマジン自治情報センター　TEL.03(3221)9455/FAX.03(3288)1019
〒102-0083 東京都千代田区麹町2-3 麹町ガーデンビル6D　http://www.imagine-j.co.jp/